ARBITRAGE

DU

TRÈS SAINT-PÈRE LE PAPE

ENTRE

LA RÉPUBLIQUE D'HAÏTI ET LA RÉPUBLIQUE DOMINICAINE

SUR

l'Interprétation de l'Article 4 du Traité du 9 novembre 1874

Passé entre les deux Républiques

MÉMOIRE

DE LA

RÉPUBLIQUE D'HAÏTI

(1896)

PARIS
SOCIÉTÉ ANONYME DE L'IMPRIMERIE J. KUGELMANN
(G. Balitout, directeur)
12, rue de la Grange-Batelière, 12

—

1896

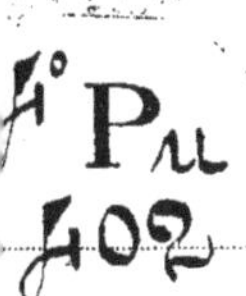

MÉMOIRE

DE LA

RÉPUBLIQUE D'HAÏTI

(1896)

ARBITRAGE

DU

TRÈS SAINT-PÈRE LE PAPE

ENTRE

LA RÉPUBLIQUE D'HAÏTI ET LA RÉPUBLIQUE DOMINICAINE

SUR

l'Interprétation de l'Article 4 du Traité du 9 novembre 1874

Passé entre les deux Républiques

MÉMOIRE

DE LA

RÉPUBLIQUE D'HAÏTI

(1896)

PARIS
SOCIÉTÉ ANONYME DE L'IMPRIMERIE J. KUGELMANN
(G. BALITOUT, directeur)
12, rue de la Grange-Batelière, 12

1896

CONSTITUTION

DU TRIBUNAL ARBITRAL

PLEINS POUVOIRS DU PLÉNIPOTENTIAIRE HAÏTIEN. — PROTOCOLE DES CONFÉRENCES. — TRAITÉ D'ARBITRAGE. — RATIFICATION ET SANCTION DES POUVOIRS HAÏTIENS. — RATIFICATION DU POUVOIR EXÉCUTIF DOMINICAIN. — PROCÈS-VERBAL DE L'ÉCHANGE DES RATIFICATIONS.

HYPPOLITE, PRÉSIDENT D'HAÏTI,

A tous ceux que ces présentes intéressent,

Salut,

Savoir faisons, qu'afin de terminer tous différends entre la République d'Haïti et Sa Sœur la République Dominicaine, relativement à la délimitation définitive des frontières entre les deux Républiques ; ayant une confiance particulière en l'intégrité et la prudence de Monsieur Dalbémar Jean-Joseph, Notre E. E. et Ministre Plénipotentiaire à Santo-Domingo ;

Donnons par les présents à Notre dit E. E. et Ministre Plénipotentiaire à Santo-Domingo plein pouvoir spécial et autorité, au nom de la République d'Haïti, de conférer avec tout mandataire spécial du Gouvernement Dominicain porteur des mêmes pleins pouvoirs, pour, conjointement avec lui, négocier et signer toutes conventions ou traités d'arbitrage sur la base ci-après :

1° Que l'arbitrage soit déféré à Notre Saint Père le Pape Léon XIII ;

2° Que Sa Sainteté ait à se prononcer définitivement et sans appel sur le point litigieux, à savoir, de l'interprétation du Gouvernement d'Haïti de l'Article IV du traité de 1874 entre les deux Républiques ou de celle du Gouvernement Dominicain, laquelle est conforme à l'esprit du traité de 1874. Or, le Gouvernement d'Haïti a toujours pensé que par l'Article IV du traité de 1874, le principe de l'*uti possidetis* de 1874 est d'ores et déjà conventionnellement admis et consacré pour le tracé de nos lignes frontières, qu'en effet le terme de possessions actuelles dans l'Article IV veut dire les possessions occupées à l'époque de la signature du traité, quand d'autre part le Gouvernement Dominicain donne au même Article IV une interprétation ainsi formulée : « Qu'au lieu de croire que « ledit Article reconnaît comme limite du territoire haïtien « les points occupés par Haïti en 1874, il croit seulement « et de cela il est fermement convaincu que l'*uti possidetis* « de 1874 n'est pas conventionnellement accepté ni consacré « dans ledit Article IV ; parce que, en effet, par possessions « actuelles on ne peut entendre que celles qui, en droit, « pourraient appartenir à chacun des deux peuples, c'est-à- « dire les possessions fixées par le *statu quo post bellum* « en 1856 ; uniques que peut avoir en sa faveur l'*uti possi-* « *detis* auquel peut raisonnablement et équitablement se « référer la clause de l'Article IV. »

3° Qu'en cas de résolution en faveur de la Nation Haïtienne, le Gouvernement Dominicain s'oblige à tracer la ligne frontière définitive de manière que restent en faveur d'Haïti toutes les possessions occupées par elle dans l'année 1874 ;

4° Qu'en cas que l'arbitre décide la question suivant l'interprétation du Gouvernement Dominicain, alors celui-ci s'oblige également à tracer la ligne frontière définitive de manière que restent en faveur d'Haïti toutes les possessions occupées par elle dans l'année 1874, lui reconnaissant un droit parfait sur lesdits territoires, moyennant juste compensation pécuniaire, dont le quantum et le mode de paiement feront, entre les parties contractantes, l'objet d'une convention ultérieure.

Promettons d'exécuter fidèlement et de bonne foi tout ce qui aura été arrêté et signé par Notre Plénipotentiaire sur ce qui est expliqué ci-dessus, après ratification finale par les Pouvoirs compétents de l'Etat.

En foi de quoi nous avons signé ce plein pouvoir et y avons apposé le sceau de la République.

Donné au Palais National de Port-au-Prince le neuf mai mil huit cent quatre-vingt-quinze, an 92e de l'Indépendance.

Signé : HYPPOLITE.

PAR LE PRÉSIDENT :

Le Secrétaire d'Etat des Relations Extérieures,

Signé : P. FAINE.

PROTOCOLE

Des conférences pour le traité d'arbitrage conclu entre la République d'Haïti et la République Dominicaine, relativement à l'interprétation de l'article 4 du traité de 1874, touchant les limites frontières.

Le deux juillet mil huit cent quatre-vingt-quinze, en la ville de Santo Domingo,

Les soussignés :

M. Dalbémar Jean-Joseph, Envoyé Extraordinaire et Ministre Plénipotentiaire de la République d'Haïti à Santo Domingo,

Et M. Enrique Henriquez, Ministre des Relations Extérieures de la République Dominicaine,

Plénipotentiaires respectivement nommés à l'effet de conclure une convention d'arbitrage entre les deux Républiques, sur l'interprétation de l'article 4 du traité de 1874,

Se sont réunis dans les bureaux du ministère des Relations Extérieures et, après l'échange de leurs pleins pouvoirs trouvés en bonne et due forme, ont délibéré sur la manière la plus convenable de procéder à la conclusion du traité, selon les bases proposées par le Gouvernement Dominicain dans sa note du 8 avril 1894 et acceptées par le Gouvernement Haïtien.

M. Dalbémar Jean-Joseph a proposé le projet qui suit et dont copie pour être examinée avait été préalablement laissée à M. Enrique Henriquez.

Projet : Traité d'arbitrage entre la République d'Haïti et la République Dominicaine.

Le Président de la République d'Haïti, dans l'exercice de ses attributions constitutionnelles,

Et le Président de la République Dominicaine, dûment autorisé par le plébiscite des 1 et 2 juin 1895,

Vu le Traité en vigueur du 9 novembre 1874, en son article 4, ainsi conçu :

« Art. 4. — Les Hautes Parties contractantes s'engagent formellement à établir, de la manière la plus conforme à l'équité et aux intérêts réciproques des deux peuples, les lignes frontières qui séparent leurs possessions actuelles. Cette nécessité fera l'objet d'un traité spécial, et des commissaires seront respectivement nommés le plus tôt possible à cet effet. »

Vu l'interprétation contraire donnée audit article 4 par les deux Gouvernements,

D'une part, le Gouvernement Haïtien trouvant que l'*uti possidetis* de 1874 est celui qui est conventionnellement accepté et consacré pour le tracé de nos lignes frontières ; qu'en effet le terme de *possessions actuelles* veut dire les possessions occupées à l'époque de la signature du traité.

D'autre part, le Gouvernement Dominicain soutenant que l'*uti possidetis* de 1874 n'est pas conventionnellement accepté ni consacré dans ledit article 4, parce qu'en effet, par *possessions actuelles*, on ne peut entendre que celles qui en droit pourraient appartenir à chacun des deux peuples ; c'est-à-dire les possessions fixées par le *statu quo post bellum* en 1856 ; uniques que peut avoir en sa faveur l'*uti possidetis* auquel peut raisonnablement se référer la clause de l'article 4;

Désireux de donner une solution amiable à la difficulté existant entre leurs Gouvernements respectifs au sujet de l'interprétation contraire susdite ;

Ont résolu de soumettre à un arbitrage la difficulté en question et dans le but de conclure une convention à cet effet, ont institué comme Plénipotentiaires respectifs,

Le Président de la République d'Haïti : M. Dalbémar Jean-Joseph, E. E. et Ministre Plénipotentiaire de la République d'Haïti à Santo Domingo ;

Le Président de la République Dominicaine : M. Enrique Henriquez, Ministre des Relations extérieures de la République Dominicaine ;

Lesquels, après avoir échangé leurs pleins pouvoirs et les avoir trouvés en bonne et due forme, ont agréé et conclu les articles suivants :

Article premier. — La difficulté qui a surgi entre le Gouvernement d'Haïti et le Gouvernement Dominicain au sujet de l'interprétation de l'article 4 du traité de 1874 sera soumise à l'arbitrage de Sa Sainteté le Pape, à la bonté paternelle et impartiale duquel il sera demandé de décider si ledit article 4 du traité de 1874 a le sens et donne le droit que lui suppose le Gouvernement Haïtien ou celui que lui suppose le Gouvernement Dominicain.

Art. 2. — Chacune des Hautes Parties contractantes désignera l'agent spécial ou les agents qui seront chargés de produire les notes et explications nécessaires à l'examen de la question telle qu'elle est posée à l'article précédent.

Art. 3. — Le mémoire de chacune des deux Parties, accompagné des documents qu'il y aura lieu d'y joindre à l'appui, sera remis en double au Souverain Pontife et à l'agent de l'autre Partie, aussitôt que possible, après que le Saint-Père aura daigné consentir à être juge arbitre, mais dans un délai ne dépassant pas mois, du jour de l'échéance des ratifications du présent traité.

Art. 4. — Dans le délai de mois après la remise réciproque du mémoire, chaque Partie pourra, de la même manière, remettre en double au Souverain Pontife et à l'agent de l'autre Partie un contre-mémoire et, s'il y a lieu, des documents additionnels en réponse aux mémoires et documents ainsi présentés par l'autre Partie.

Art. 5. — La décision rendue par écrit, en double, datée et signée, comme le Saint-Père sera prié de le faire, une copie en sera remise à l'agent d'Haïti pour son Gouvernement et l'autre copie sera remise à l'agent de la République Dominicaine pour son Gouvernement.

Art. 6. — Chaque Gouvernement paiera son propre agent et pourvoira aux dépenses de préparation et de présentation de son affaire devant le tribunal arbitral. Toutes les autres dépenses possibles relatives à l'arbitrage seront supportées également par moitié par les deux Gouvernements.

Art. 7. — Les deux Hautes Parties contractantes s'engagent à considérer le résultat de l'arbitrage comme la solution complète et définitive de la difficulté sur l'interprétation ci-dessus indiquée de l'article 4 du traité de 1874.

Art. 8. — Si le point est résolu en faveur de la nation haïtienne, le Gouvernement Dominicain s'oblige à tracer la ligne frontière définitive de manière que restent en faveur de Haïti toutes les possessions occupées par elle dans l'année 1874.

Art. 9. — Si l'arbitre décide la question suivant l'interprétation soutenue par le Gouvernement Dominicain, alors celui-ci, avec l'autorisation préalable de la nation, s'oblige à convenir avec le Gouvernement Haïtien du mode qui laisse Haïti en possession, avec droit parfait, du terrain qu'elle occupait en 1874, moyennant juste compensation pécuniaire.

Art. 10. — Le présent traité sera soumis à l'approbation et sanction des autorités compétentes respectives et les ratifications seront échangées à Santo Domingo dans le délai de mois, à compter de cette date ou plus tôt s'il est possible.

En foi de quoi les plénipotentiaires des parties contractantes ont signé la présente convention et y ont apposé leurs sceaux respectifs.

Fait en double original, en langues française et espagnole, dans la ville de Santo Domingo, le du mois de juillet 1895.

Après un nouvel examen fait en commun, les différents articles ont été reconnus conformes et concordants avec les bases de ladite note du 8 avril 1895 et ont été acceptés sans changement.

Sur la demande de M. Enrique Henriquez relative à l'indication du délai prévue à l'article 3, pour la remise des mémoires, M. D. Jean-Joseph a proposé deux mois ; ce qui a été accepté par M. E. Henriquez.

Egalement le délai de l'article 4 a été fixé à un mois pour les contre-mémoires, s'il y a lieu.

Et enfin celui de l'article 10 pour l'échange des ratifications à deux mois.

On est convenu de faire préparer et mettre au net les exemplaires à signer.

Signé : D[r] J[n] JOSEPH. — ENRIQUE HENRIQUEZ.

SÉANCE DU 3 JUILLET 1895

Entre les mêmes soussignés, dans les mêmes qualités et pour les mêmes fins que précédemment.

La séance, tenue au bureau de S. Exc. le Président de la République Dominicaine, lieu des réunions du Conseil de Gouvernement, a été ouverte par la lecture du protocole de la séance précédente.

Cette lecture faite, M. E. Henriquez manifeste le désir de faire entrer dans la Convention ce qui va être dit ci-après :

En même temps que la suppression de cette partie finale de l'interprétation dominicaine : *c'est-à-dire les possessions fixées par le* STATU QUO POST BELLUM *en 1856 uniques que peut avoir en sa faveur l'*UTI POSSIDETIS *auquel peut raisonnablement se référer la clause de l'article 4,* le représentant du Gouvernement Dominicain a proposé les additions suivantes :

A la fin de l'art. 7 : « Y contraen ese formal compro-« miso, aún cuando la decísíon arbítral, prescindieudo de « causar quebranto al sentido jurídico de cualquiera de los « dos Gobiernos, y atentiendo sóla y exclusivamente à las « necesidades de la paz y armonia permanentes de los dos « pueblos, se contrajera, à légitimar el STATU QUO del 74, à « cargo de compensaciones territoriales ó pecuniarias. »

Dans le corps de l'art. 9 : « Atendiendo a que Haití ha « siempre ocupado y poblado el territorio en litîgio hace « largos años y à que la República Dominicana esta-« ria hoy en imposíbilídad de ocuparlo y poblarlo con fami-« lias dominicanas ; etc., etc. » continuant ainsi : « Se « obliga a convenir, con el Gobierno haitiano, usando para « ello de la autorizacion expresa que le tiene conferida el « pueblo soberano, à dejar à Haiti, etc. »

Et à la fin dudit article 9 : « Pero reservandose el Gobierno « Dominicano la facultad de conservar aquella parte del « territorio que le es indispensable para la franca comuni-« cación entre sus posesiones fronterizas. »

M. D. Jean-Joseph a repoussé la plupart des modifications proposées par M. E. Henriquez et a conclu disant, pour ce qui est de la partie finale de l'interprétation dominicaine, que *ces termes étaient les mêmes dans lesquels s'était exprimé le Congrès en 1883.*

Après une vive discussion, les additions à la fin de l'article 7 et à la fin de l'article 9 ont été retirées ; celle dans le corps de l'article 9, commençant par : « *atendiendo á que* » et finissant par : « *con familias dominicanas* », pour continuer : « *se obliga* » jusqu'à : « *mediante justa compensacion pecunaria* », où s'arrête l'article, a été maintenue et d'un commun accord agréée pour faire partie dudit article 9.

L'exposition de l'interprétation dominicaine est restée comme dans le projet.

Et le traité portant la date de ce jour, 3 juillet 1895, écrit dans les deux langues, française et espagnole, fait en double original et collationné, a été, selon l'accord des deux parties sur son ensemble, signé par les deux plénipotentiaires et scellé de leurs sceaux respectifs.

De tout quoi le présent protocole a été dressé et signé par les parties, assistées de leurs secrétaires.

Signé : Dr J^n^ JOSEPH. — ENRIQUE HENRIQUEZ.

TRAITÉ D'ARBITRAGE

EN LANGUES FRANÇAISE ET ESPAGNOLE

Entre la République d'Haïti et la République Dominicaine

3 JUILLET 1895

TRAITÉ D'ARBITRAGE

ENTRE LA RÉPUBLIQUE D'HAÏTI ET LA RÉPUBLIQUE DOMINICAINE

Le Président de la République d'Haïti, dans l'exercice de ses attributions constitutionnelles,

Et le Président de la République Dominicaine, spécialement autorisé par le plébiscite des un et deux juin mil huit cent quatre-vingt-quinze;

Vu le Traité en vigueur du neuf novembre mil huit cent soixante-quatorze, en son article quatre, conçu ainsi :

« ART. 4. — Les Hautes Parties contractantes s'engagent formellement à établir, de la manière la plus conforme à l'équité et aux intérêts réciproques des deux peuples, les lignes frontières qui séparent leurs possessions actuelles. Cette nécessité fera l'objet d'un traité spécial et des commissaires seront respectivement nommés le plus tôt possible à cet effet. »

Vu l'interprétation opposée donnée audit article quatre par les deux Gouvernements ;

D'une part, le Gouvernement Haïtien soutenant que l'*uti possidetis* de mil huit cent soixante-quatorze est celui qui a été conventionnellement accepté et consacré pour le tracé de nos lignes frontières; qu'en effet, le terme de possessions actuelles veut dire les possessions occupées à l'époque de la signature du traité ;

D'autre part, le Gouvernement Dominicain soutenant que l'*uti possidetis* de mil huit cent soixante-quatorze n'est pas conventionnellement accepté ni consacré dans ledit article quatre, parce qu'en effet, par possessions actuelles,

CONVENCION DE ARBITRAJE

ENTRE LA REPUBLICA DOMINICANA Y LA REPUBLICA DE HAITI

El Presidente de la República Dominícana, especialmente autorizado por el plebiscito de los días 1° y 2° de Junio de 1895;

Y el Presidente de la República de Haití, en ejercicio de sus atribuciones constitucionales;

Visto el Tratado vijente del 9 de Noviembre de 1874, en su articulo 4, concebido en ésta forma:

« Art° 4°. — Las Altas Partes contratantes se compro-
« meten formalmente à establecer, de la manera mas con-
« forme á la equidad y á los intereses recíprocos de los dos
« pueblos, las líneas fronterizas que separan sus pose-
« síones actuales. Esta necesidad sera objeto de un tratado
« especial, y para ese efecto, ambos Gobiernos nombraran
« sus comisarios lo mas pronto posible. »

Vista la interpretacion contraría dada á dicho articulo 4° por los dos Gobiernos;

De una parte, sosteniendo el Gobiermo Haitiano que el *uti possidetis* de 1874 es lo que está convencionalmente aceptado y consagrado para el trazado de nuestras líneas fronterizas; que, en efecto, el termino de posesiones actuales quiere decir los posesiones ocupadas en la época de la suscricion del Tratado.

De la otra parte, sosteniendo el Gobierno Dominicano que el *uti possidetis* de 1874 no está convencionalmente aceptado ni consagrado en dicho articulo 4°, porque, en efecto, por *posesiones actuales* no puede entenderse sino las que en

on ne peut entendre que ce qui, en droit, pourrait appartenir à chacun des deux Gouvernements, c'est-à-dire les possessions fixées par le *statu quo post bellum* en mil huit cent cinquante-six, uniques que peut avoir en sa faveur l'*uti possidetis* auquel peut raisonnablement se référer la clause de l'article quatre;

Désireux de donner une solution amiable à la difficulté existante entre leurs Gouvernements respectifs au sujet de l'interprétation contraire susdite,

Ont résolu de soumettre à un arbitrage la difficulté en question et, dans le but de conclure une convention à cet effet, ont institué comme Plénipotentiaires respectifs:

Le Président de la République d'Haïti,

Monsieur Dalbémar Jean Joseph, E. Ex. et Ministre plénipotentiaire d'Haïti, à Santo-Domingo;

Le Président de la République Dominicaine,

Monsieur Enrique Henriquez, Ministre des Relations Extérieures de la République Dominicaine;

Lesquels, après avoir échangé leurs pleins pouvoirs et les ayant trouvés en bonne et due forme, ont agréé et conclu les articles suivants:

Article premier. — La difficulté qui a surgi entre le Gouvernement d'Haïti et le Gouvernement Dominicain au sujet de l'interprétation de l'article quatre du Traité de mil huit cent soixante-quatorze sera soumise à l'arbitrage de Sa Sainteté le Pape, à la bonté paternelle et impartiale duquel il sera demandé de décider si ledit article quatre du traité de mil huit cent soixante-quatorze a le sens et donne le droit que lui suppose le Gouvernement Haïtien ou celui que lui suppose le Gouvernement Dominicain.

Art. 2. — Chacune des Hautes Parties contractantes désignera l'agent spécial ou les agents qui seront chargés de produire les notes et explications nécessaires à l'examen de la question, telle qu'elle est posée à l'article précédent.

derecho pudíeran pertenecer à cada uno de los dos pueblos; esto es: las posesiones fijadas por el *statu que post bellum* en 1856, únicas que puede tener en su favor el *uti possidetis* al cual hubiera de referírse racional y equítativamente la claúsula del art. 4°.

Desosos de dar una solucion amistosa á la dificultad existente entre los dos Gobiernos respectivos, en cuanto á la predicha interpretación contraria,

Han resuelto someter esta difficultad á un arbitraje ; y con el fin de concluir una convencion á ese efecto, han instituido como Plenípotenciaríos respectivos,

El Presídente de la República Dominicana à don Enrique Henriquez, Ministro de Relaciones Exteriores de la República Dominicana.

El Presidente de la República de Haití, á Don Dalbemar Jean-Joseph, Enviado Extraordinario y Ministro Plenipotenciario de Haití, en Santo Domingo.

Los cuales, despues de haber canjeado sus plenos poderes y de haberlos encontrado en buena y debida forma, han admitido y concluido los articulos sígnientes :

Art° 1°. — La dificultad que ha surgido entre el Gobierno Dominicano y el de Haití, respecto de la ínterpretacion del art. 4° del Tratado de 1874, será sometida al arbitraje de Su Santidad el Pápa, á cuya bondad paternal y ímparciál sera pedido que decida si el dicho art. 4° del Tratado de 1874 tiene el sentido y dá el derecho que le supone el Gobierno haitiano, ó el que le supone el Gobierno dominicano.

Art° 2°. – Cada una de las dos Altas Partes contratantes designará el agente especial, ó agentes que seran encargados de producir las notas y explicaciones necesarías al exámen de la cuestion, tal como ella está establecída en el artículo precedente.

Art. 3. — Le mémoire de chacune des deux parties, accompagné des documents qu'il y aura lieu d'y joindre à l'appui, sera soumis, en double, au Souverain Pontife et à l'agent de l'autre partie aussitôt que possible, après que le Saint-Père aura daigné consentir à être juge-arbitre, mais dans un délai ne dépassant pas deux mois, du jour de l'échange des ratifications du présent Traité (1).

Art. 4. — Dans le délai d'un mois après la remise réciproque du mémoire, chaque partie pourra, de la même manière, remettre en double au Souverain Pontife et à l'agent de l'autre partie un contre-mémoire et, s'il y a lieu, des documents additionnels en réponse au contre-mémoire et documents ainsi présentés par l'autre partie.

Art. 5. — La décision rendue par écrit, en double, datée et signée comme le Très Saint-Père sera prié de le faire, une copie sera remise à l'agent d'Haïti pour son Gouvernement et l'autre copie sera remise à l'agent de la République Dominicaine pour son Gouvernement.

Art. 6. — Chaque Gouvernement paiera son propre agent et pourvoira aux dépenses de préparation et de présentation de son affaire devant le tribunal arbitral. Toutes les autres dépenses possibles relatives à l'arbitrage seront supportées également par moitié par les deux Gouvernements.

Art. 7. — Les Hautes Parties contractantes s'engagent à considérer le résultat de l'arbitrage comme la solution complète et définitive de la difficulté sur l'interprétation ci-dessus indiquée de l'article 4 du traité de 1874.

Art. 8. — Si le point est résolu en faveur de la nation haïtienne, le Gouvernement Dominicain s'oblige à tracer la ligne frontière définitive de manière que restent en faveur

(1) Voir le procès-verbal de l'échange des ratifications pour l'addition facultative du délai de distance.

Artº 3º. — La memoria de cada una de las dos Partes, acompañada de los documentos que hubiere lugar de adjuntar en apoyo, sera remitida en duplicado, al Soberano Pontifice y al agente de la otra parte, tan pronto como sea posible, despues que el Santo Padre se haya dignado consentir en ser Juez-arbitro; pero en un plazo que no podra exceder de dos meses, desde el dia del canje de las ratificaciones de la presente convención.

Artº 4º. — En el plazo de un mes, despues de la remision recíproca de la memoria, cada Parte podrá, de la misma manera, remítír, en duplicado, al Soberano Pontífice y al agente de la otra Parte, una contra-memoria y, sí hubiere lugar, documentos adicionales, en contestacion á la memoria y á los documentos así presentados por la otra Parte.

Artº 5º. — Producída la decision por escríto en duplicado, fechada y firmada, como se rogará al Santo Padre que lo haga, una copia sera remitida al agente de la República Dominicana para su Gobierno y la otra copía sera remitida al agente de Haití para su Gobierno.

Artº 6º. — Cada Gobierno sufragará las erogaciones hechas por su respectivo agente y proveera á los gastos de preparacion y de presentacion de su proceso ante el tribunal arbitral. Todos los otros gastos posibles relativos al arbitraje serán, al igual, soportados por mitad, entre los dos Gobiernos.

Artº 7º. — Las dos Altas Partes contratantes se comprometen á consíderar el resultado del arbitraje como la solucion completa y definitiva de la difícultad sobre la interpretacion, arríba indicada, del articulo 4º del Tratado de 1874.

Artº 8º. — Si la decision arbitral recae en favor de la interpretacion dáda al art. 4º del Tratado por el Gobierno de Haití, el Gobierno Dominícano se obliga á trazar la

d'Haïti toutes les possessions occupées par elle dans l'année 1874.

Art. 9. — Si l'arbitre décide la question suivant l'interprétation soutenue par le Gouvernement dominicain, alors celui-ci, considérant que Haïti a toujours occupé et peuplé le territoire en litige depuis laps de temps et que la République Dominicaine serait aujourd'hui dans l'impossibilité d'indemniser les propriétaires haïtiens des biens situés et établis dans ledit territoire, comme aussi elle se trouverait dans l'impossibilité de l'occuper et de le peupler de familles dominicaines, s'oblige à convenir avec le Gouvernement haïtien, usant pour cela de l'autorisation expresse que lui a conférée le peuple souverain, pour laisser Haïti en possession, avec droit parfait, du territoire qu'elle occupait en 1874, moyennant juste compensation pécuniaire.

Art. 10. — Le présent traité sera soumis à l'approbation et sanction des autorités compétentes respectives et les ratifications seront échangées à Santo Domingo dans le délai de deux mois, à compter de cette date ou plus tôt si c'est possible.

En foi de quoi les Plénipotentiaires des Parties contractantes ont signé la présente convention et ont apposé leurs sceaux respectifs.

Fait en double original, en langues française et espagnole, dans la ville de Santo Domingo, le trois du mois de juillet mil huit cent quatre-vingt-quinze.

Signé : Dr Jn Joseph. Enrique Henriquez.

línea fronteriza definitiva de manera que permanezcan en favor de Haití las posesiones ocupadas por ella en el año 1874.

Art° 9°. — Si el arbítro decide la cuestion segun la interpretacion sostenida por el Gobierno Domínicano, entonces este, atendíendo á que Haití ha siempre ocupado y poblado el territorio en litigio hace largos años, y á que la República Domínicana estaria hoy en la imposibilidad de indemnizar á los proprietarios haitianos los bienes situados y arraigados en dicho territorio, así como tambíen estaría en imposibilidad de ocuparlo y poblarlo con familias domínicanas, se obliga á convenir con el Gobierno haitiano, usando para ello, de la autorizacion expresa que le tiene conferida el Pueblo soberano, á dejar á Haití en posesion con derecho perfecto, el terreno que ella occupaba en 1874, mediante justa compensacion pecunaria.

Art°. 10°. — La presente Convencion sera sometida á la aprobacion y sancion de las autoridades competentes respectivas y las ratificaciones seran canjeadas en Santo Domingo, en plazo de dos meses, á contar desde esta fecha, ó antes si fuere posible.

En fé de lo cual los Plenipotentiaríos de las Partes contratantes han firmado la presente convencion y ha puesto sus sellos respetivos.

Hecho en original duplicado, uno en langua española y otro en langua francesa, en la ciudad de Santo Domingo, Capital de la República Domínicana, á los tres días del mes de julio de 1895.

Firmado : Enrique Henriquez. Dr Jn Joseph.

Nous, HYPPOLITE, Président d'Haïti,

Ayant vu et examiné la Convention conclue à Santo Domingo, le trois juillet mil huit cent quatre-vingt-quinze, entre le Gouvernement de la République d'Haïti et celui de la République Dominicaine par leurs Plénipotentiaires respectifs, munis de pleins pouvoirs spéciaux, dans le but d'arriver à une solution amiable de la difficulté existant entre les deux Gouvernements au sujet de l'interprétation contraire donnée à l'article 4 du Traité du neuf novembre mil huit cent soixante-quatorze, l'avons approuvée, acceptée, ratifiée et confirmée, comme Nous le faisons par les présentes, promettant de la faire exécuter et observer selon sa forme et teneur sans permettre qu'il y soit contrevenu pour quelque cause ou quelque prétexte que ce soit.

En foi de quoi Nous avons signé de Notre main cette ratification et y avons fait apposer le sceau de la République.

Donné au Palais National, à Port-au-Prince, le neuf juillet mil huit cent quatre-vingt-quinze, an 92e de l'Indépendance.

Signé : HYPPOLITE.

Par le Président,

Le Secrétaire d'État des Relations Extérieures,

Signé: FAINE.

Pour copie conforme,

Le Ministre d'Haïti à Santo Domingo,

Dr Jn JOSEPH.

LIBERTÉ — ÉGALITÉ — FRATERNITÉ

RÉPUBLIQUE D'HAITI

Chambre des Représentants

DÉCRET

LE CORPS LÉGISLATIF,

Usant du pouvoir que lui confère l'article 101 de la Constitution,

Après avoir examiné les stipulations de la Convention conclue à Santo Domingo, le trois juillet mil huit cent quatre-vingt-quinze, entre les Plénipotentiaires respectifs du Gouvernement de la République Dominicaine et du Gouvernement de la République d'Haïti, Convention ayant pour but de résoudre amiablement la difficulté existant entre les deux Gouvernements au sujet de l'interprétation contraire donnée à l'article 4 du Traité du neuf novembre mil huit cent soixante-quatorze et ratifiée par Son Excellence le Président d'Haïti le neuf dudit mois de juillet,

Décrète la sanction de ladite Convention pour sortir son plein et entier effet.

Donné à la Chambre des Représentants, à Port-au-Prince, le dix juillet mil huit cent quatre-vingt-quinze, an 92e de l'Indépendance.

Le Président de la Chambre,

Signé : V. GUILLAUME.

Les Secrétaires,

Signé : L.-J. ADAM fils.
P. CALIXTE.

Donné à la Maison Nationale, au Port-au-Prince, le dix-huit juillet mil huit cent quatre-vingt-quinze, an 92e de l'Indépendance.

Le Président du Sénat :

Signé : STEWART.

Les Secrétaires :

Signé : CADESTIN ROBERT.
E. LATORTUE.

Au nom de la République :

Le Président d'Haïti ordonne que le Décret ci-dessus du Corps Législatif soit imprimé, publié et exécuté, après avoir été revêtu du sceau de la République.

Donné au Palais National, au Port-au-Prince, le vingt juillet mil huit cent quatre-vingt-quinze, an 92e de l'Indépendance.

Signé : HYPPOLITE.

PAR LE PRÉSIDENT,

Le Secrétaire d'État des Relations Extérieures,

Signé : FAINE

POUR COPIE CONFORME :

Le Ministre d'Haïti à Santo Domingo,

Dr Jn JOSEPH.

ULISES HEUREAUX

Pacificador de la Patria y Presidente Constitucional de la Republica Dominicana.

Vista la Convención concluida y firmada en 3 de Julio del año corriente entre el Gobierno Dominicano y el de Haití, representados, respectivamente por los Señores Don Enrique Henriquez, Ministro de Relaciones Exteriores de esta República y Don Dalbémar Jean Joseph, Enviado Extraordinario y Ministro Plenipotenciario de la República de Haiti; quienes al efecto han actuado en virtud de plenos poderes; y la cual Convención está contraida, en primer término al objeto especial de deferir al juicio arbitral del Beatísimo Padre Leon XIII, el conocimiento y decisión del desacuerdo existente á causa de la interpretacion distinta dada por cada uno de los dos Gobiernos al articulo 4° del Tratado Dominico-Haitiano del 9 de noviembre de 1874;

Atendiendo á que el Gobierno Dominicano ha sido informado de que la Legacion Haitiana, acreditada en Roma, ha solicitado de Su Santidad que acepte el cargo de Juez Arbitro de la República de Haiti con facultades mas ámplias que las determinadas en la Convencion antedicha.

Oido el parecer del Consejo de secretarios de Estado y en uso de las facultades extraordinarias conferidas al Poder Ejecutivo por el Plebiscito del 1 y 2 de Junio del año en curso,

DECRETA

Artº 1°. — Ratificar en todas sus partes la Convencion del 3 de Julio de 1895, relativa al arbitraje convenido entre este Gobierno y el de Haiti para dirimir la dificultad resultante de la distinta interpretación atribuida al Articulo 4° del Tratado del 9 de noviembre de 1874.

Art° 2°. — Declarar, en caso que el Gobierno Haitiano hubiere extendido el alcance de la cuestion sobre la cual está llamado á decidir el Santo Padre, que otorga de parte de la República Dominicana, á Su Santidad el Papa Leon XIII, cuantas facultades le haya concedido ó pueda concederle el Gobierno de Haití, no únicamente para el caso concreto de la interpretación del articulo 4° del Tratado de 1874, sino, además, para decidir, por extension, soberana y definitivamente sobre todo lo que se relacione con el arreglo de dicha cuestion (1).

Dado y firmado en el Palacio Nacional de Santo Domingo, Capital de la República Dominicana á las tres dias del mes de setiembre de 1895 ; año 52° de la Independencia y 33° de la Restauracion.

Firmado : U. HEUREAUX.

Refrendado :

El Ministro de Rel. Ext.

Firmado : ENRIQUE HENRIQUEZ.

Es copia conforme a su original,

El Oficial Mayor, D. O. W. MIESES.

---

(1) Voir le procès-verbal qui suit de l'échange des ratifications ; et dans les pièces annexes, les quatre dépêches échangées le 4 septembre, le 16 et le 21 octobre 1895, pour considérer et déclarer nul et non avenu l'article 2 ci-dessus, ainsi que le considérant qui s'y rapporte.

PROCÈS-VERBAL

DE L'ÉCHANGE DES RATIFICATIONS

En la ville de Santo-Domingo, le trois septembre mil huit cent quatre-vingt-quinze;

Réunis aux bureaux du Ministère des Relations Extérieures de la République Dominicaine,

Monsieur Dalbémar Jean-Joseph, Envoyé Extraordinaire et Ministre Plénipotentiaire d'Haïti à Santo-Domingo,

Et Monsieur Enrique Henriquez, Ministre des Relations Extérieures de la République Dominicaine,

Plénipotentiaires nommés pour effectuer l'échange des ratifications du traité d'arbitrage conclu le trois juillet, présente année, entre la République d'Haïti et la République Dominicaine, et dûment sanctionné par les pouvoirs publics compétents,

Après avoir présenté leurs pleins pouvoirs et les avoir trouvés en bonne et due forme,

Procédant audit échange de ratifications, ont collationné mot à mot, sur les documents originaux du traité lui-même, les instruments des ratifications respectives.

Là, Monsieur Dalbémar Jean-Joseph, vu la déclaration contenue dans la ratification du Pouvoir Exécutif Dominicain, conçue en ce sens : qu'il a été informé que le représentant du Gouvernement d'Haïti à Rome a déclaré que son Gouvernement demandait l'arbitrage non seulement pour l'interprétation de l'article 4 du Traité de 1874, mais en général pour tout ce qui est relatif à la délimitation des frontières, — a dit qu'il se référait à la dépêche du 2 courant n° 93, adressée au Ministre des Relations Extérieures (1), touchant cet incident; et qu'il allait en conséquence en référer à son Gouvernement, sous toutes réserves.

En outre, étant nécessaire de préciser le sens dans lequel, notamment à cause de la distance, doit être entendu le délai de deux mois prescrit par l'article 3 pour la production du mémoire de chaque partie et des documents qu'il y aura lieu d'y joindre, — il est agréé, sans toutefois se départir de la convenance d'y mettre la plus grande célérité possible, que lesdits deux mois prévus à l'article 3 pourront être augmentés d'un délai moral réclamé par les circonstances, mais en tous cas ne dépassant pas le délai ordinaire de distance respectivement observé selon les articles 83 du Code de procédure civile d'Haïti et 73 du Code de *procedimiento civil* dominicain (2).

En foi de quoi, les susdits Plénipotentiaires ont apposé leurs signatures et sceaux respectifs au présent acte fait en double original et écrit en langues française et espagnole, aux jour et lieu ci-dessus indiqués.

Signé : D[r] J[n] JOSEPH. ENRIQUE HENRIQUEZ.

---

(1) Voir cette dépêche *infra* dans les pièces annexes.

(2) Deux cents jours en Haïti. Six mois dans la République Dominicaine.

CONVENTION [1]

ENTRE

LA RÉPUBLIQUE D'HAITI ET LA RÉPUBLIQUE DOMINICAINE

26 JUILLET 1867

El Presidente de la Republica Dominicana y el Presidente de la Republica de Haïti, deseando estrechar y perpetuar las buenas relaciones que existen entre ambos Estados, han resuelto establecer las bases preliminares de un tratado de paz, amistad, comercio y navegacion.

Para cuyo efecto han nombrado por sus Comisarios y Delegados, a saber:

El Presidente de la Republica Dominicana, a los ciudadanos Tomas Bobadilla, Manuel M. Valverde, Pedro A. Bobea, Carlos Nouel, Juan Ramon Fiallo y Juan B. Zafra;

Le Président de la République Dominicaine et le Président de la République d'Haïti, désirant resserrer et rendre perpétuelles les bonnes relations qui existent entre les deux États, ont résolu d'établir les bases préliminaires d'un traité de paix, d'amitié, de commerce et de navigation.

A cet effet, ils ont nommé, pour leurs Commissaires et Délégués, savoir:

Le Président de la République Dominicaine, les citoyens Tomas Bobadilla, Manuel M. Valverde, Pedro A. Bobea, Carlos Nouel, Juan Ramon Fiallo et Juan B. Zafra;

---

(1) Cette Convention sanctionnée par les Chambres Dominicaines n'a pas été ratifiée par le Gouvernement d'Haïti.

El Presidente de la Republica de Haïti, a los ciudadanos Linstant Pradine, General Ultimo Lafontant, D. Doucet, Saint-Aude, General Cinna Leconte y D. Pouilh;

Los cuales, despues de haber canjeado sus respectivos plenos poderes y halladoles en buena y debida forma, han pactado, convenido y ajustado los articulos siguientes:

Articulo primo. — Habrà paz y amistad perpetuas entre la Republica Dominicana y la Republica de Haïti asi como entre los ciudadanos de ambos Estados, sin acepcion de personas ni lugares.

Art. 2° — El Gobierno de Haïti y él de la República Dominicana se obligan reciprocamente a no permitir ni tolerar que en sus respectivos territorios se establezca ningun individuo, ninguna banda, ningun partido con el fin de turbar en manera alguna el orden de cosas constituido en el Estado vecino.

Se comprometen igualmente a alejar de las fronteras y tambien a extranar de sus territorios respectivos a

Le Président de la République d'Haïti, les citoyens Linstant Pradine, Général Ultimo Lafontant, D. Doucet. Saint-Aude, Général Cinna Leconte et D. Pouilh ;

Lesquels, après avoir échangé leurs pleins pouvoirs respectifs et les avoir trouvés en bonne et due forme, sont convenus des articles suivants :

Article premier. — Il y aura paix et amitié perpétuelles entre la République Dominicaine et la République d'Haïti, ainsi qu'entre les citoyens des deux États, sans acception de personnes ni de lieux.

Art. 2. — Le Gouvernement d'Haïti et celui de la République Dominicaine s'engagent réciproquement à ne permettre ni tolérer que, sur leurs territoires respectifs, aucun individu, aucune bande, aucun parti s'établisse dans le but de troubler, en quoi que ce soit, l'ordre de choses établi dans l'État voisin.

Ils s'obligent également à éloigner des frontières et à expulser aussi de leurs territoires respectifs tous les in-

todos aquellos individuos cuya presencia pueda causar turbaciones o desordenes en el Estado vecino.

Art. 3° — El articulo que antecede se ejecutara contra los individuos, las bandas o los partidos designados en él, sea en virtud de la reclamacion de uno de los dos gobiernos, sea por el conocimiento que el otro adquiera de los hechos que puedan dar lugar a esta medida.

Art. 4° — Con el objeto de estrechar en cuanto sea posible las relaciones que existen entre ambos gobiernos, convienen las partes contratantes en nombrar representantes o agentes consulares en los puntos que crean convenientes ; debiendo gozar dichos representantes y agentes, en sus personas y propriedades, de las mismas prerogativas, immunidades y exenciones que estan concedidas o se concedan a los de igual clase de la nacion mas favorecida.

Art. 5° — Ambas partes contratantes se obligan a mantener con toda su fuerza y poder la integridad de sus territorios respectivos y a no

dividus dont la présence pourrait causer des troubles ou des désordres dans l'État voisin.

Art. 3. — L'article qui précède sera exécuté contre les individus, les bandes et les partis qui y sont désignés, soit sur la demande de l'un des deux Gouvernements, soit par la connaissance que l'autre acquerra des faits qui peuvent motiver cette mesure.

Art. 4. — En vue de resserrer autant que possible les relations qui existent entre les deux Gouvernements, les parties contractantes conviennent de nommer des représentants ou agents consulaires dans les lieux qu'ils jugeront convenables; lesdits représentants et agents devant jouir, dans leurs personnes et leurs propriétés, des mêmes prérogatives, immunités et exemptions qui sont ou seront accordées à ceux de même rang de la nation la plus favorisée.

Art. 5. — Les deux parties contractantes s'obligent à maintenir de toute leur force et de tout leur pouvoir l'intégrité de leurs territoires res-

ceder, comprometer ni enajenar en favor de ninguna potencia extranjera ni la totalidad ni una parte de sus territorios, ni de las islas adyacentes que de ellos dependen.

Art. 6°. — Las partes contratantes se comprometen a celebrar ulteriormente, si hubiere lugar, para los casos de invasion extranjera un tratado de alianza defensiva.

Art° 7°. — Uu tratado especial fijarà ulteriormente la demarcacion de los limites de ambos Estados.

Mientras tanto se mantenderàn en sus actuales posesiones.

Art. 8°. — Los haitianos y los dominicanos podran reciprocamente, y con toda seguridad y libertad, entrar, como los nacionales, con sus buques y cargamentos en los puertos abiertos al comercio extranjero en cada uno de los dos Estados y seran tratados con una perfecta reciprocidad como los ciudadanos de la nacion mas favorecida.

Art. 9°. — Las producciones territoriales de entram-

pectifs, et à ne céder, compromettre, ni aliéner, en faveur d'aucune puissance étrangère, la totalité ni une partie de leurs territoires ou des îles adjacentes qui en dépendent.

Art. 6. — Les parties contractantes s'engagent à conclure ultérieurement, s'il y a lieu, un traité d'alliance défensive pour les cas d'invation étrangère.

Art. 7. — Un traité spécial fixera ultérieurement la démarcation des limites des deux Etats.

En attendant, elles se maintiendront dans leurs possessions actuelles.

Art. 8. — Les Haïtiens et les Dominicains pourront réciproquement, et en toute sécurité et liberté, entrer, comme les nationaux, avec leurs navires et chargements, dans les ports ouverts au commerce étranger de chacun des deux Etats, et seront traités avec une parfaite réciprocité comme les citoyens de la nation la plus favorisée.

Art. 9. — Les produits territoriaux des deux Répu-

bas Republicas, que introduzcan por las fronteras, no estaran sujetas a ningun derecho fiscal.

Art° 10°. — Las reclamaciones que pudieran hacerse por uno u otro de los dos Gobiernos por lo que respecta a los bienes immuebles que pudieran existir en uno u otro Estado, y que, al tiempo de la separacion de 1844, constituian propiedades individuales, se arreglaran por un tratado especial.

Art. 11°. — La extradicion de los individuos acusados de crimenes que lleven pena aflictiva o infamante sera objeto de un tratado especial.

No se comprendera nunca en esa categoria a los reos de delitos politicos.

Art° 12°. — El presente convenio serà ejecutado en todas sus partes, despues del canje de las ratificaciones; pero los articulos 2, 3 y 4 recibiràn su ejecucion inmediatamente.

El canje de las ratificaciones se harà eu Puerto-Principe en el termino de dos meses, pero el tratado de paz definitivo debera que-

bliques, introduits par les frontières, ne seront soumis à aucun droit fiscal.

Art. 10. — Les réclamations qui pourront être faites par l'un ou l'autre des deux Gouvernements au sujet des immeubles qui pourront exister dans l'un ou l'autre Etat, et qui, au moment de la séparation de 1844, constituaient des propriétés individuelles, seront réglées par un traité spécial.

Art. 11. — L'extradition des individus accusés de crimes emportant peine afflictive et infamante fera l'objet d'un traité spécial.

Ne seront jamais compris dans cette catégorie les accusés de délits politiques.

Art. 12. — La présente convention sera exécutée dans toutes ses parties après l'échange des ratifications; mais les articles 2, 3 et 4 seront immédiatement exécutés.

L'échange des ratifications se fera à Port-au-Prince dans le délai de deux mois, mais le traité définitif de paix devra être conclu six

dar convenido seis meses, despues de dichas ratificaciones, o antes si fuere posible.

En fe de lo cual, los Comisarios Delegados han firmado y sellado los precedentes articulos en frances y en espanol.

Hecho por duplicado en la ciudad de Santo Domingo al veinte y seis de Julio del año del Senor de mil ochocientos sesenta y siete.

Tomas BOBADILLA
Pedro Antonio BOBEA
J. R. FIALLO
Carlos NOUEL
J. B. ZAFRA
Manuel Maria VALVERDE
Linstant PRADINE
Ultimo LAFONTANT
St.-AUDE
DOUCET
D. POUILH
Cinna LECONTE.

mois après ces ratifications, ou avant si faire se peut.

En foi de quoi les Commissaires-Délégués ont signé et scellé les articles qui précèdent écrits en français et en espagnol.

Fait double en la ville de Santo Domingo le vingt-six juillet mil huit cent soixante-sept.

Tomas BOBADILLA
Pedro Antonio BOBEA
J. R. FIALLO
Carlos NOUEL
J. B. ZAFRA
Manuel Maria VALVERDE
Linstant PRADINE
Ultimo LAFONTANT
St.-AUDE
DOUCET
D. POUILH
Cinna LECONTE.

9 NOVEMBRE 1874

TRAITÉ

DE

PAIX, D'AMITIÉ, DE COMMERCE, DE NAVIGATION ET D'EXTRADITION,

ENTRE

LA RÉPUBLIQUE D'HAITI ET LA RÉPUBLIQUE DOMINICAINE

AU NOM DE LA TRÈS-SAINTE TRINITÉ

Le Président de la République d'Haïti et le Président de la République Dominicaine, animés du désir de resserrer les liens d'amitié et de bon voisinage qui doivent exister entre les deux peuples qui habitent l'Ile, d'établir d'une manière solide les bases de leurs relations politiques et commerciales, de mettre un terme à toutes les incertitudes de l'avenir, ont résolu de conclure un traité solennel de paix, d'amitié, de commerce, de navigation et d'extradition; et à cet effet, ils ont nommé pour leurs Plénipotentiaires,

El Presidente de la República Dominicana y el Presidente de la República Haïtiana, animados del deseo de estrechar los lazos de amistad y de buena veciudad que deben existir entre los dos pueblos que habitan la Isla, de establecer de una manera solida las bases de sus relaciones politicas y commerciales, de poner un término a las incertidumbres del porvenir, han resuelto concluir un tratado solemne de paz, amistad, comercio, navegacion y extradicion, y, con ese objeto, han nombrado para sus Plénipotenciarios,

Savoir :

Le Président de la République d'Haïti :

Les citoyens G. Prophète, général de division, ex-Secrétaire d'Etat, Sénateur de la République, D. Labonté, général de division, ex-Secrétaire d'Etat, Sénateur, V. Lizaire, ex-Secrétaire d'Etat, Chef du cabinet particulier du Président d'Haïti, E. M.A. Gutierrez, général de brigade, du génie militaire, ex-député, et A. Beauregard, interprète, attaché au ministère des Relations Extérieures,

Le Président de la République Dominicaine :

Les citoyens Carlos Nouel, ex-Secrétaire d'Etat, et les généraux de division Thomas Cocco, ex-Secrétaire d'État, et José Caminero, ex-député.

Lesquels, après avoir échangé leurs pleins pouvoirs, et les avoir trouvés en bonne et due forme, sont convenus des articles suivants :

ART. 1er. — La République d'Haïti et la République Dominicaine déclarent solen-

A Saber:

El Presidente de la República de Haïti :

Ciudadanos G. Prophète, general de division, ex-Secretario de Estado, Senador de la Republica, D. Labonté, general de division, ex-Secretario de Estado, Senador, V. Lizaire, ex-Secretariô de Estado, Gefe de la Secretaria privada del Presidente, Em. M. A. Gutierrez, general de brigada, ingeniero militar, ex-diputado, y A. Beauregard, interprete, agregado al ministerio de Relaciones Exteriores.

El Presidente de la República Dominicana :

Ciudadanos Carlos Nouel, ex-Secretario de Estado, y los generales de division, Tomas Cocco, ex-Secretario de Estado, y Jose Caminero, éx-diputado,

Los cuales, despues de haber cangeado sus plenos poderes y hallandolos en buena y debida forma, han convenido en los articulos siguientes :

ARTº 1º — La República dominicana y la República de Haïti declaran solemne-

nellement être les seules qui possèdent la souveraineté de l'Ile d'Haïti ou Saint-Domingue.

Art. 2. — Il y aura paix perpétuelle et amitié franche et loyale entre la République d'Haïti et la République Dominicaine, de même qu'entre les citoyens des deux Etats, sans acception de personnes ni de lieux.

Art. 3. — Les deux parties contractantes s'obligent à maintenir de toute leur force, de tout leur pouvoir, l'intégrité de leurs territoires respectifs, à ne céder, compromettre ni aliéner, en faveur d'aucune puissance étrangère, ni le tout ni aucune partie de leurs territoires ni des îles adjacentes qui en dépendent.

Elles s'engagent également à ne solliciter ni consentir aucune annexion ni domination étrangère.

Art. 4. — Les hautes parties contractantes s'engagent formellement à établir, de la manière la plus conforme à l'équité et aux intérêts réciproques des deux peuples, les lignes frontières qui sépa-

mente ser ellas solas las que poseen la soberania de la isla de Santo Domingo o Haïti.

Art° 2°. — Habra paz perpetua y amistad franca y leal entre la República Domicana y la República de Haïti, asi como entre los Ciudadanos de ambos Estados sin ecepcion de personas ni de lugares.

Art° 3°. — Ambas partes contratantes se obligan à mantener con toda su fuerza y poder la integridad de sus respectivos territorios y a no ceder, comprometer ni enajenar, en favor de ninguna potencia extrangera ni la totalidad ni una parte de sus territorios ni las islas adyacentes que de ellos depienden.

Asi mismo se comprometen à no solicitar ni consentir anexion ni dominacion extrangera.

Art° 4°. — Las altas partes contratantes se comprometen formalmente á establecer de la manera mas conforme á la equidad y á los intereses reciprocos de los dos pueblos las lineas fron-

rent leurs possessions actuelles.

Cette nécessité fera l'objet d'un traité spécial, et des Commissaires seront respectivement nommés le plus tôt possible à cet effet.

Art° 5. — Les Haïtiens et les Dominicains pourront, réciproquement, et en toute sécurité et liberté, entrer, comme leurs nationaux, avec leurs navires et cargaisons, dans les ports ouverts au commerce étranger dans chacun des deux Etats, et seront traités sur le pied d'une parfaite réciprocité.

Art. 6°. — Les marchandises étrangères qui seront introduites par les ports ouverts des deux parties contractantes seront assujetties au paiement de tous les droits fiscaux établis dans chaque Etat.

Seront libres de tous droits d'importation les produits territoriaux et industriels des deux Républiques qui seront introduits par des navires nationaux.

Art. 7. — Les navires appartenant aux deux nations contractantes et dont

terizas que separan sus posesiones actuales.

Esta necesidad sera objetò de un Tratado especial, y para ese efecto, ambos gobiernos nombraran sus comisarios lo mas pronto posible.

Art. 5°. — Los Dominicanos y los Haïtianos podran reciprocamente y con toda seguridad y libertad entrar, como los nacionales, con sus buques y cargamentos en los puertos abiertos al comercio extrangero en cada uno de los dos Estados y seran tratados bajo el pié de la màs perfecta reciprocidad.

Art° 6. — Las mercancias extrangeras que se introduzcan por los puertos habilitados de las dos partes contratantes estaran sujetas al pago de todos los derechos fiscales vigentes en cada Estadò.

Seran libres de todo derecho de importacion los productos territoriales é industriales de ambas Repúblicas que se introduzcan por buques nacionales.

Art° 7°. — Los buques pertenecientes á las dos Naciones contratantes cuyo re-

la capacité n'excède pas cinquante tonneaux seront considérés réciproquement comme navires de cabotage, tout autant qu'ils s'occupent exclusivement du commerce des produits territoriaux et industriels des deux Républiques ou des produits qui y sont fabriqués.

ART. 8. — Les rivières qui ont leur embouchure dans un des deux Etats contractants et leur source dans l'autre, et les lacs dont la propriété sera commune aux deux parties, seront de libre navigation, et les produits des deux territoires pourront y passer sans être sujets à d'autres charges ni droits que ceux qui sont déjà établis, ou qui seront par la suite imposés aux nationaux respectifs, sans préjudice de ce qui est prescrit par les règlements de police relatifs à la navigation intérieure.

ART. 9. — Le droit de halage, de flottage et d'atterrage de radeaux d'acajou ou autres sur les lacs ou étangs, fleuves ou rivières en question, sera commun aux citoyens des deux Républiques. Les bateliers ou ma-

gistro no exceda de cincuenta toneladas, se consideraran reciprocamente como de cabotaje, siempre que se dediquen exclusivamente al trafico de productos territoriales é industriales de ambas Repúblicas ó los manufacturados en ellas.

ARTº 8º. — Los rios que desaguan en uno de los dos Estados contratantes teniendo su origen en el otro y los lagos cuya propiedad sea comun a ambas partes, seran de libre navegacion, y los productos de ambos territorios podran extraerse por ellos sin estar sujetes à otros cargos ni derechos que los que estan impuestos ó en lo adelante se impusieren a los respectivos nacionales sin perjuicio de lo que se determine en los Reglamentos de Policia relativos à la navegacion interior.

ARTº 9º. — El derecho de remorque, conduccion y atraque de las balsas de cahoba y otras maderas en los lagos o estanques y rios, serà comun à los ciudadanos de ambas Repúblicas. Los bateleros y trabajadores quedarán

nœuvres seront assujettis néanmoins aux règlements de police concernant la navigation intérieure.

ART. 10. — Afin d'activer, autant que possible, l'Agriculture, le Commerce, dans toutes les parties des deux territoires, et d'exciter l'industrie des habitants, les deux parties contractantes, pour ne laisser aucun doute sur leur vues bienfaisantes et paternelles à cet égard, sont convenues de ce qui suit :

Les produits du sol et de l'industrie des deux Républiques, passant par les frontières, n'y seront soumis à aucun droit fiscal.

ART. 11. — Une concession sera accordée de commune entente par les deux Gouvernements pour l'établissement d'un chemin de fer qui reliera Port-au-Prince à Santo Domingo. Cette entreprise sera subventionnée par les deux Gouvernements.

ART. 12. — Comme un témoignage de l'esprit d'harmonie et des sentiments fraternels qui animent les deux Gouvernements, et qui doi-

sin embargo sujetos à los reglamentos de policia relativos à la navegacion interior.

ART° 10°.— Afin de impulsar en cuanto sea posible, la agricultura y el comercio, en todos lös puntös de ambös territöriös,y de prömover la industria de lös habitantes, las partes contratantes con el fin de nö dejar dudä älguna en cuanto à sus intenciones beneficas y paternales, en el particular, han convenido lo que sigue :

Los productos territoriales é industriales de ambás Repúblicas, al pasar por las fronteras, no estarán sujetos á ningun derecho fiscal.

ART° 11°. — Ambos gobiernos, de comun acuerdo, haran una concesion para el establecimiento de un camino de hierro que unira la ciudad de Puerto-Principe a la de Santo Domingo. Esta empresa sera subvencionada por los dos Gobiernos.

ART° 12°. — Como un testimonio del espiritu de armonia y de los sentimiéntos fraternales que animan á los dos Gobiernos y que deben

vent resserrer de plus en plus les liens qui unissent les deux peuples, les hautes parties contractantes ont décidé que, dès qu'il sera permis d'évaluer par la statistique les avantages que la République d'Haïti retire de la liberté du commerce de ses frontières avec celles de la République Dominicaine, un retour de droits de douane sera fait au profit de la dernière, et cela sur le pied de la plus stricte équité.

Pour les mêmes motifs, s'il y avait lieu dans l'avenir, selon que les deux Républiques auront prospéré, le Gouvernement d'Haïti se réserve, par la statistique, le privilège réciproque de réclamer la même faveur d'un retour de droits de douane de la République Dominicaine.

Néamoins, dès la ratification du présent Traité, la République d'Haïti mettra à la disposition de la République Dominicaine une somme de cent cinquante mille piastres en espèces ou en lettres de change sur l'Europe ou

estrechar mas y mas los lazos que unen los dos pueblos, las altas partes contratantes han decidido que, tan luego com sea permitido valuar, por medio de la estadistica, las ventajas que la República de Haïti saca de la libertad del comercio de sus fronteras con las de la República Dominicana, se hará en favor de esta última una devolucion de derechos de aduana, y esto, bajo el pié de la mas estricta equidad.

Por iguales motivos, si hay lugar, en el porvenir, segun que las dos Repúblicas hayan prosperado, el Gobierno de Haïti se réserva por la estadistica, el privilegio reciproco de reclamar el mismo favor de una devolucion de derechos de aduana de la República Dominicana.

Sin embargo, desde la ratificacion del presente tratado, la República de Haïti pondrá á la disposicion de la República Dominicana una suma de Ciento cincuenta mil pesos en efectivo o en letras de cambio sobre Eu-

les Antilles, pour les besoins du service public.

Cette somme sera comptée par versement annuel payable d'avance pendant huit ans, durant laquelle période des études statistiques seront faites à la diligence des parties intéressées, dans le but de fixer exactement le chiffre de ce retour, et ce, sans préjudice des avances qui ont pu être faites antérieurement par la République d'Haïti à la République Dominicaine.

ART. 13. — Les réclamations qui pourront être faites par l'un ou l'autre des deux Gouvernements en faveur de leurs nationaux, pour ce qui a trait à la restitution des biens immeubles qui pourront exister sur le territoire de l'un ou de l'autre Etat, et qui, au moment de la scission de 1844, constituaient des propriétés individuelles, seront réglées par un traité spécial. Le présent article est subordonné à l'approbation du Gouvernement Dominicain.

ART. 14. — Il reste convenu que les citoyens des deux nations contractantes

ropa ó las Antillas para las necesidades del servicio público.

Esta suma sera abonada por entregas anuales anticipadas, durante ocho años, en cuyo periodo deberan hacerse los estudios estadisticos á diligencia de las partes interesadas, con el objeto de fijar exactamente la cifra de esta devolucion y esto, sin perjuicio de los avances que hayan podido ser hechos anteriormente par la República de Haïti á la República Dominicana.

ART° 13°. — Las reclamaciones que pudieran hacerse por uno ú otro de los Gobiernos en favor de sus nacionales por lo que respecta á la restitucion de los bienes immuebles que pudieran existir en el territorio de uno ú otro Estado, y que al tiempo de la separacion de 1844, constituian propiedades individuales, serán arregladas por un tratado especial. El presente articulo queda subordonado à la aprobacion del Gobierno Dominicano.

ART° 14°. — Queda convenido que los ciudadanos de las partes contratantes pueden entrar, morar, estable-

peuvent entrer, demeurer, s'établir ou résider dans toutes les parties des deux territoires, et ceux qui désirent s'y livrer à une industrie quelconque, auront droit d'exercer librement leur profession et leur industrie, sans être assujettis à des droits autres ni plus élevés que ceux qui pèsent sur les nationaux respectifs. Ils pourront aussi se livrer au commerce en gros et en détail, et être consignataires et agents de change ou spéculateurs en remplissant les formalités imposées aux nationaux respectifs.

cerse y residir en todas las partes de dichos territorios, y los que deseen dedicarse á negocios tendrán derecho para ejercer libremente su profesion ó la industria á que se dediquen sin estar sujetos á otros ni mayores derechos que los que pesen sobre los respectivos nacionales. Tambien podrán dedicarse al comercio por mayor ó al detalle y ser consignatorios y agentes de cambio o especuladores, llenando las formilidades impuestas á los respectivos nacionales.

Art. 15. — En conséquence de ce qui est stipulé dans l'article précédent, les citoyens de chacune des deux nations contractantes qui se trouveront dans la juridiction de l'autre, auront droit de disposer de leurs biens par vente, donation, testament, ou de toute autre manière, et leurs héritiers ou ayants droit, citoyens de l'autre nation contractante, leur succéderont dans leurs biens avec ou sans testament. Ils pourront en prendre possession, que ce soit par eux-

Art. 15°. — En consecuencia de lo estipulado en el articulo anterior, los ciudadanos de cada una de las altas partes contratantes dentro de la juridiccion de la otra, tendrán derecho para disponer de sus bienes por venta, donacion, testamento o de otro modo, y sus representantes personales, siendo ciudadanos de la otra parte contratante, sucederán en sus bienes ya sea por testamento o ab intestato. Podrán tomar posesion de ellos, bien sea por si mismos ó por

mêmes ou par procuration, et en disposeront en payant seulement les mêmes droits que les citoyens du pays étaient assujettis à payer en pareil cas. A défaut de représentant direct, on gardera ces biens conformément aux lois comme si c'étaient les biens d'un citoyen du pays, en attendant que le légitime propriétaire prenne des mesures pour les garantir. S'il surgit une contestation entre les réclamants sur la légitime propriété des biens, elle sera définitivement jugée par les tribunaux de justice du pays où se trouvent ces biens.

Art. 16. — Les deux parties contractantes conviennent que les citoyens des deux Républiques pourront, par eux-mêmes ou par l'intermédiaire de fondés de pouvoir, intenter des actions réciproques devant les tribunaux, en réclamation d'animaux ou d'autres objets enlevés de leurs propriétés, en produisant les preuves nécessaires et en se soumettant à la législation de la localité où s'exerce ce droit.

otros que hagan sus veces segun su voluntad, y disponer de los mismos pagando solo aquellos derechos que estuvieren sujetos á pagar en iguales casos los ciudadanos del pais en donde estuvieren situados los dichos bienes. A falta de representante personal, se cuidará con arreglo á las leyes como si fueran bienes de un ciudadano del pais, mièntras el legitimo dueno tome providencia para asegurarlos. Si se suscitare cuestion entre los reclamantes, sobre la legitima propiedad de las bienes, aquella será definitivamente decidida por los tribunales de justicia donde se hallaren estos situados.

Art° 16°. — Convienen las altas Partes contratantes que los ciudadanos de ámbas Republicas podran por si o por medio de apoderados ejercer sus acciones ante los tribunales reciprocos en revendicacion de animales ú otros objetos hurtados de su propiedad, produciendo las pruebas necesarias y sujetándose á la legislacion de la localidad en que se ejerza este derecho.

Art. 17. — En vue de resserrer les liens d'amitié qui unissent les deux peuples, et par principe de réciprocité, le Gouvernement Haïtien prend l'engagement de présenter à la prochaine législature du pays un amendement par lequel les natifs dominicains seront admis à acquérir des immeubles en Haïti.

Art° 17°. — Con el fin de estrechar los lazos que unen á los dos pueblos y por principio de reciprocidad, el Gobierno haïtiano se compromete á presentar á la proxima legislatura del pais, una proposicion por la cual los Dominicanos naturales pueden adquirir immuebles en Haïti.

Art. 18. — Tout individu qui possède des propriétés, soit urbaines ou rurales, coupées par la ligne frontière, est tenu, dans le courant d'une année à dater du jour où le présent Traité sera ratifié, de déclarer par écrit, par devant le juge de paix de la commune la plus voisine dans le pays qu'il a choisi, l'élection qu'il aura faite de son domicile civil. Quant aux mineurs et autres personnes qui se trouvent sous tutelle ou curatelle, les tuteurs ou curateurs seront tenus de faire, au terme prescrit, la déclaration nécessaire.

Art° 18°. — Todo individuo que tenga propiedades divididas por la linea fronteriza ya sean estas urbanas ya rurales, esta obligado dentro del ano que siga el dia de la ratificacion de este Tratado, á prestar, ante el alcade de la comun mas immediata, declaracion escrita haciendo constar en cual de los dos Estados hace la eleccion de su domicilio civil. En cuanto á los menoros ú otros incapacitados que se hallen bajo tutela ó curatela, los tutores o curadores deberan hacer dentro del plazo fijado, la correspondiente declaracion.

Art. 19. — Si un individu quelconque, propriétaire mixte, avait négligé, au bout du terme prescrit d'une an-

Art° 19°. — Si un individuo calquiera, propietario mixto, dejare transcurrir el ano fijado, sin prestar la de-

née, de faire la déclaration de son domicile civil, il sera considéré, pour les effets civils, comme citoyen du pays dans lequel il avait son dernier domicile, son silence, dans ce cas, devant être considéré comme une déclaration tacite.

Art. 20. — La propriété des navires, quelle que soit leur capacité, est exclusivement réservée aux nationaux respectifs.

Art. 21. — Si un navire de l'une des parties fait naufrage, échoue ou supporte quelque avarie sur les côtes ou dans la juridiction de l'autre partie, leurs concitoyens respectifs recevront, pour eux, leurs navires et leurs effets, le même secours qui est dû aux habitants du pays où est arrivé l'accident, et auront à payer les mêmes charges et les mêmes droits que ceux-ci auraient à payer en pareil cas. Si les réparations que requiert un navire échoué rendaient nécessaire le déchargement de tout ou partie de la cargaison, il ne sera payé ni droits de douane ni autres taxes, ni honoraires pour la cargaison qui sera

claracion de su domicilio civil, se considerará, para los efectos civiles como ciudadano del pais donde tuvo su último domicilio, debiendo considerarse su silencio en este caso como una declaracion tàcita.

Art° 20°. — La propiedad de las naves, cualquiera que sea su porte, queda exclusivamente reservada á los respectivos nacionales.

Art° 21°. — Cuando algun buque de cualquiera de las partes naufragare, encallare o sufriere otra averia, en las costas o dentro de la jurisdiccion de la otra, sus respectivos ciudadanos recibirán para si y sus buques y efectos, la misma ayuda que se debiera à los habitantes del pais donde occurio el accidente, y tendrán que pagar las misma cargas y derechos de salvamente que los dichos habrian de pagar en igual caso. Si las reparaciones que requiera un buque encallado hicieren necesaria la descarga del todo o parte de su cargamento, no se pagarán derechos de Aduana, cargas ni honorarios por el cargamento que se sacare, sino los que

débarquée, si ce n'est ceux que les navires nationaux paient dans le même cas.

Il est entendu toutefois que si, pendant que le navire est en réparation, on débarque la cargaison et la dépose dans un endroit destiné à la réception des marchandises pour lesquelles on n'a pas de droit à payer, sa cargaison sera sujette aux charges et honoraires qui sont légalement dues aux propriétaires du magasin où le dépôt se fait.

Art. 22. — Les bâtiments de guerre de l'une des deux Républiques pourront entrer dans les ports ouverts de l'autre pour se radouber, se réparer, comme les bâtiments nationaux, en jouissant des mêmes avantages et privilèges dont jouissent ces derniers.

Art. 23. — Les citoyens de l'un et de l'autre Etat ne pourront être soumis respectivement à aucune saisie ni retenue sur leurs navires, cargaisons, marchandises et effets commerciaux, pour aucune expédition militaire ni pour usage public, quel qu'il soit, sans une indemnité

pagan en el mismo caso los buques nacionales.

Se entiende sin embargo que si mientras el buque se esté reparando se desembarcare el cargamento y se guardare en un deposito destinado para la recepcion de géneros cuyos derechos no se hayan pagado, el cargamento quedarà sujeto à las cargas y honorarios que legalmente se deban á los propietarios de tales almacenes.

Art° 22°. — Los buques de guerra de una de las dos Repúblicas, podràn entrar en los puertos habilitados de la otra para calafatearse y componerse, como los nacionales concediendoseles los mismos privilegios de que gocen estos.

Art° 23°. — Los ciudadanos de uno y otro Estado no podràn ser sometidos recíprocamente à nigun embargo ni retenidos con sus buques, cargamentos, mercancias y efectos comerciales, para ninguna expedicion militar ni para uso pùblico cualquiera que sea sin una indemniza-

convenue et fixée préalablement entre les parties intéressées et suffisante pour cet usage et pour les dommages, pertes, retards et préjudices qui naîtront du service auquel on les astreint.

Art. 24. — Les citoyens des deux États jouiront respectivement d'une entière liberté de conscience, et pourront exercer leur culte de la manière que le permettent la Constitution et les lois du pays où ils se trouvent.

Art. 25. — Pour maintenir et conserver les bonnes relations entre les deux Gouvernements, de même que pour faciliter le commerce des deux pays, les hautes parties contractantes conviennent d'établir des agents diplomatiques, des consuls et des vice-consuls dans les ports et cités qu'on jugera convenable; mais ces agents n'entreront dans l'exercice de leurs fonctions qu'après avoir obtenu du Gouvernement auprès duquel ils sont accrédités leur exequatur. Ces agents jouiront, dans leurs personnes et dans leurs

cion convenida y fijada previamente entre las partes interesadas y suficiente para este uso y para los quebrantos, perdidas, retardos y perjuicios que se originen o nazcan del servicio à que se les obligue.

Art° 24°. — Los ciudadanos de ambos Estados gozaran respectivamente de la mas completa libertad de conciencia, y podràn ejercer su culto del modo que se lo permitan la Constitucion y las leyes del pais en que se encuentren.

Art° 25°. — Para mantener y conservar las buenas relaciones entre ámbos Gobiernos, asi como para protejer el comercio de los dos paises, convienen las altas partes contratantes en establecer agentes diplomaticos, cónsules y vice-cónsules y agentes comerciales en aquellos puertos y ciudades donde lo estimen conveniente; pero estos agentes no entraràn en el ejercicio de sus funciones sino despues de haber obtenido del Gobierno ante el cual esten acreditados el correspondiente exequatur. Estos agentes gozarán en sus

propriétés, des mêmes privilèges, facultés et immunités qui sont accordés à ceux de la même classe de la nation la plus favorisée. Cependant si les consuls et les vice-consuls exercent le commerce, ils seront assujettis, à l'égard de leurs transactions commerciales, aux mêmes lois et coutumes qui régissent les simples citoyens de leur nation, ou les sujets et citoyens de la nation la plus favorisée ou la plus privilégiée.

personas y propiedades los mismos privilegios, facultades y exenciones que esten concedidas à los de igual clase de la nacion mas favorecida. Sin embargo, si los Cónsules o vice-cónsules ejercieren el comercio, estarán sujetos en lo concerniente à sus transacciones comerciales à las mismas leyes y costumbres que lo esten los individuos particulares de su Nacion o los subditos o ciudadanos de la Nacion mas favorecida o privilegiada.

Art. 26. — Les Consuls, Vice-Consuls et Agents commerciaux ne pourront résider que dans les ports ouverts.

Art° 26°. — Los Cónsules, Vice-Cónsules y Agentes comerciales no podran residir sino en los puertos habilitados.

Art. 27. — Les agents consulaires et leurs chanceliers jouiront des privilèges attachés à leur position, et ne pourront être arrêtés ni emprisonnés, excepté dans le cas de crime atroce, et, s'ils étaient commerçants, la contrainte par corps ne pourra leur être appliquée que pour des faits de commerce, et non pour des faits civils.

Art° 27°. — Los agentes consulares y sus Cancilleres gozarán de inmunidad personal, sin que puedan ser arrestados ni encarcelados, ecepto en el caso de crimen atroz, y, si fueren comerciantes, el apremio corporal no les podrá ser aplicado sino para los solos hechos de comercio, y no por causas civiles.

Art. 28. — Les Consuls et leurs Chanceliers ne pour-

Art°. 28. — Los cónsules y sus Cancilleres no podrán

ront être cités à comparaître comme témoins devant les tribunaux. Quand la justice du pays nécessite qu'on prenne d'eux une déclaration judiciaire, on aura à la leur demander par écrit, ou à se transporter chez eux pour la recevoir de vive voix. Enfin ces agents jouiront de tous les autres privilèges, exemptions et immunités qui peuvent être accordés dans le pays où résident les agents de la même catégorie de la nation la plus favorisée.

Art. 29. — Les archives, et en général tous les papiers de chancelleries et secrétaireries des Consulats respectifs, seront inviolables, et, sous aucun prétexte, ni en aucun cas, ils ne pourront être saisis ni visités par l'autorité locale.

Art. 30. — Les Consuls respectifs, en cas de mort d'un de leurs nationaux sans testament ni exécuteur testamentaire, pourront : 1° soit d'office, soit sur requête des parties intéressées, apposer les scellés sur les effets meubles et papiers du défunt, en informant préalablement de cette opération l'autorité

ser citados para comparecer como testigos por ante los Tribunales. Cuando la justicia del pais necesite alguna declaracion judicial, tendran que pedirsela por escrito ó transportarse à su casa para recibirla viva voce. Por fin, estos agentes gozarán de todos los demas privilegios, exenciones, é inmunidades que puedan ser concedidas en el pais donde residen à los agentes de la misma categoria de la Nacion mas favorecida.

Art° 29°. — Los archivos y en general todos los papeles de las cancillerias ó secretarias de los Consulados respectivos serán inviolables y bajo nigun pretexto, podran ser ocupados ni visitados por la autoridad local.

Art° 30°. — Los Cónsules respectivos en caso de que fallezca alguno de sus nacionales sin testar ni nombrar albáceas testamentarios podrán. 1° Poner los sellos ya de oficio ya por requerimiento de las partes interesadas en los efectos muebles y papeles del defunte, informando previamente de esta

compétente, qui pourra y assister, et même, si elle le juge convenable, mettre aussi son sceau sur les scellés, et, dès lors, on ne pourra lever les scellés revêtus de ce double sceau que d'un commun accord ; 2° faire l'inventaire des biens de la succession en présence de l'autorité du pays, si celle-ci croit devoir concourir à cet acte ; 3° faire procéder, conformément à l'usage des lieux, à la vente des biens appartenant à la succession ; 4° enfin, administrer et liquider personnellement, ou nommer sous leur responsabilité un agent qui administre et liquide la dite succession, sans que l'autorité locale ait à intervenir dans ces nouvelles opérations, à moins qu'il n'y ait des réclamations contre la succession par tels ou tels citoyens du pays ou tels ou tels citoyens de nation étrangére. Dans ce cas, s'il survient quelque contestation entre les intéressés, elle sera soumise à la décision des tribunaux du territoire ; et le consul agira alors comme la partie qui représente la succession. Mais les con-

operacion à la autoridad local competente, que podrà asistir à ella y aun si lo estimare conveniente cruzar con sus sellos los que haya puesto el Consul, y desde entonces no podràn levantarse estos dobles sellos sino de comun acuerdo. 2° Tomar el inventario de los bienes de sucesion à presencia de la Autoridad del pais si esta creyere que debe concurrir à este acto; 3° Hacer que se proceda conforme al uso del lugar à la venta de los bienes pertenecientes à la sucesion; 4° En fin administrar y liquidar personalmente ó nombrar bajo su responsabilidad, un agente que administre y liquide dicha sucesion sin que la autoridad local tenga que intervenir en estas nuevas operaciones, à menos que se reclamen contra la sucesión intereses por parte de algun ciudadano o ciudadanos del pais o de una nacion diferente. Pues en estos casos si se suscitare alguna controversia entre los interesados, se decidera por los tribunales del territorio, obrando entonces el consul como la parte que representa la sucesión.

suls seront obligés de faire annoncer la mort de l'individu dans un des journaux qui se publient dans l'étendue de leur territoire, et ne pourront livrer les biens du défunt ni leur produit à ses héritiers légitimes ou à ses mandataires, qu'après avoir payé toutes les dettes que le défunt aurait contractées dans le pays, ou après qu'il s'est écoulé un an depuis l'annonce de la mort sans qu'on ait fait aucune réclamation contre la succession.

Art. 31. — Pour ce qui concerne la police des ports, le chargement et le déchargement des navires, la sûreté des marchandises, biens et effets, les citoyens des deux pays seront respectivement assujettis aux lois et statuts locaux; néanmoins les consuls respectifs seront chargés exclusivement du maintien de l'ordre à bord des navires marchands de leur nation, et eux seuls connaîtront des altercations qui auront lieu entre les matelots, le capitaine et les officiers de l'équipage, mais les

Pero estaran obligados los Cónsules à hacer anunciar el fallecimiento del individuo en uno de los periodicos que se publiquen en la estension de su territorio y no podràn entregar los bienes mortuorios ni su producto à los herederos legitimos ó a sus mandatarios, sino despues de satisfechas todas las deudas que el difunto hubiere contraido en el pais ó cuando pasado un ano despues de la publicacion de la muerte, no se haya promovido ningun reclamo contra la sucesion.

Art° 31° — En lo concerniente à la policia de los puertos, la carga y descarga de los buques, seguridad de las mercancias, bienes y efectos, los ciudadanos de los dos paises estaràn respectivamente sujetos à las leyes y estatutos locales, sin embargo los Consules respectivos estaran encargados esclusivamente del orden interior á bordo de los buques mercantes de su nacion, y ellos solos conoceràn de las diferencias que ocuran entre los hombres de mar, el capitan y los officiales de la tripula-

autorités locales pourront intervenir quand les désordres survenus seront susceptibles de troubler le repos public sur terre ou en rade, et pourront également connaître de ces altercations quand un individu du pays ou un étranger s'y trouvent mêlés.

Les Consuls respectifs pourront faire arrêter et remettre à bord des navires de leurs nations les matelots déserteurs. Enfin ils se référeront par écrit aux autorités locales compétentes, et justifieront du fait par l'exhibition des registres du navire et du rôle de l'équipage, ou, si le navire était parti, par les copies des pièces justificatives dûment certifiées par eux, constatant que les hommes réclamés appartiennent à l'équipage desdits navires. Leur demande ainsi justifiée, on ne pourra leur refuser la remise des déserteurs ; au contraire, on leur donnera tout moyen et secours pour les rechercher ou les arrêter. Les déserteurs seront détenus dans les prisons du pays sur la demande et aux frais

cion ; pero las autoridades locales podràn intervenir cuando los desordenes ocurridos sean capaces de turbar la tranquilidad publica, en tierra o en el puerto, y podràn igualmente conocer de estas diferencias cuando un individuo del pais o un extrangero estèn mezclados en ellas.

Los Cónsules respectivos podràn hacer arrestar y remitir á bordo de los buques de su Nacion ó à sus pais à los marineros que sean desertores. A este fin, se dirijiràn por escrito à autoridades locales competentes y justificaràn con la exhibicion de los registros del buque ó del rol de la tripulacion ó si el buque hubiere partido, con copias de las piezas referidas, debidamente certificadas por ellos que los hombres que reclaman pertenecian à la tripulacion de dicho buque. Justificada asi la solicitud, no podrà negàrseles la entrega, antés bien se les dara todo favor y auxilio para la busca y captura de los desertores, los cuales seran tambien detenidos en las càrceles del pais por requerimiento y à costa de

des Consuls jusqu'à ce qu'il y ait une occasion pour les faire partir ; s'il ne s'en présente pas au bout de trois mois, à partir du jour de l'arrestation, les déserteurs seront mis en liberté et ne pourront être recherchés une autre fois pour la même cause.

Art. 32. — Il y aura amnistie pleine, générale et particulière, en faveur de tous les individus, de quelque rang, sexe ou condition qu'ils puissent être, qui auraient pris part aux événements politiques civils et militaires qui ont eu lieu entre les deux peuples. Personne, par conséquent, ne pourra, à l'avenir, être recherché ni inquiété en aucune manière, pour cause quelconque de participation directe ou indirecte, à quelque époque que ce soit, aux événements précités. Tous les procès, poursuites ou recherches seront regardés comme non avenus.

Art. 33. — Le Gouvernement Haïtien et le Gouvernement Dominicain s'engagent réciproquement à ne jamais

los Consules hasta que tengan ocasion para hacerlos partir ; mas si no se presentare esta ocasion en el termino de tres meses, contados desde el dia del arresto, seràn puestos en libertad los desertores y no podràn ser presos otra vez por la misma causa.

Art° 32°. - Habrà amnistia plena, general y particular en favor de todos aquellos individuos cualquiera que sea su rango, sexo o condicion, que hayan tomado parte en los acontecimientos politicos, civiles o militares que se hayan efectuado en ambos paises. En consecuencia, ninguna persona podra en lo sucesivo ser inquietada ni molestada en manera alguna por haber tenido una participacion cualquiera, directa o indirecta, y sea cual fuere la epoca en que se hubieren realizado dichos acontecimientos. Las sumarias, procesos ù otras actuaciones judiciales se consideraran como no existentes.

Art° 33°. — El Gobierno Dominicano y el Gobierno Haïtiano se comprometen reciprocamente à no permitir

permettre ni tolérer que, sur leurs territoires respectifs, aucun individu, aucune bande, aucun parti, s'établisse dans le but de troubler, en quoi que ce soit, l'ordre de choses existant dans l'État voisin. Ils s'engagent également à éloigner de leurs frontières et même à expulser de leurs territoires respectifs tous les individus qui seraient susceptibles par leur présence d'occasionner dans l'Etat voisin des troubles ou des désordres.

Cet article sera exécutoire contre les individus, les bandes et les partis qui y sont désignés, soit sur la réclamation, dûment justifiée, du Gouvernement menacé, soit sur la connaissance acquise par l'autre des faits qui pourront donner lieu à cette mesure.

Art. 34. — La République d'Haïti et la République Dominicaine, sur la réquisition faite en leur nom par l'intermédiaire de leurs Consuls et Agents diplomatiques respectifs, livreront à la Justice les individus de l'une et de l'autre partie

ni tolerar que en sus respectivos territorios se establezca ningun individuo, ninguna banda, ningun partido con el fin de turbar en manera alguna el orden de cosas existente en el estado vecino. Asi mismo se comprometen alejar de sus fronteras y aun a extrañar de sus territorios respectivos à aquellos individuos cuya presencia en ellos fuere capaz de causar en el estado vecino pertubaciones o desordenes.

Este articulo será ejecutorio contra los individuos, las bandas y los partidos designados en él, ya sea en vista de la reclamacion debidamente justificada del gobierno amenazado o ya por el conocimiento que el otro adquiera de los hechos que puedan dar lugar á esta medida.

Art° 34°. — La República Dominicana y la República de Haïti á requerimiento hecho en su nombre por medio de sus respectivos Consules o Agentes Diplomaticos, entregarán á la Justicia los individuos de una y otro parte que, estando acusados de los

qui, étant accusés des crimes énumérés dans l'article suivant, pour les avoir commis sur le territoire de la juridiction de la partie requérante, se seront réfugiés ou seront trouvés sur le territoire de l'autre. Mais cela n'aura lieu que lorsque le fait de la perpétration du crime sera tellement prouvé que, s'il était commis dans le pays où se trouvent les accusés, ceux-ci seraient dans le cas d'être arrêtés et livrés aux tribunaux.

Art. 35. — Conformément aux dispositions de cette Convention, seront livrées les personnes accusées des crimes suivants : homicide volontaire, assassinat, parricide, infanticide et empoisonnement, ou tentative de ces crimes, rapt, émission de fausse monnaie ou falsification de monnaie, émission de documents falsifiées ou falsification de documents, incendie, vol, vol avec effraction, abus de confiance commis par des employés publics ou par des personnes à gages au préjudice de ceux qui les ont employés, en tant que ces crimes soient punis de

crimenes enumerados en el siguiente articulo por haberlos cometido en territorio de jurisdiccion de la parte requerente, se hayan procurado asilo o se encontraren en territorio de la otra. Pero esto, no se verificará sino cuando el hecho de la perpetracion del crimen este de tal modo probado que à haberse éste cometido en el pais donde se encuentren los acusados, fuere justo el arresto de estos y su entrega á los Tribunales.

Art° 35°. — Conforme à las estipulaciones de esta convencion serán entregadas las personas que estuvieren acusadas de algunos de los siguientes crimenes, á saber : homicidio voluntario, asesinato, parricidio, infanticidio y envenenamiento o tentativas de cometerlos, rapto, emision de moneda falsa o falsificacion de moneda, émission de documentos falsificados o falsificación de ellos, incendio, robo y robo con fractura, abuso de confianza cometido por empleados publicos o por personas asalariadas con detrimento de los que los tienen empleados, siempre que

peines afflictives et infamantes.

Art. 36. — Dans chaque pays la remise des criminels se fera seulement par ordre ou mandat du Pouvoir Exécutif, et les dépenses qu'occasionneront la détention et la remise des accusés, effectuées en vertu des articles précédents, seront à la charge de la partie qui en a fait la demande ou réclamation.

Art. 37. — Les dispositions des articles précédents, relatives à la remise des criminels fugitifs, ne seront point applicables aux faits commis avant la ratification du présent Traité ni à ceux qui ont un caractère politique.

Art. 38. — Les hautes parties contractantes se réservent d'établir plus tard des conventions spéciales relatives au service postal et à la pêche sur les étangs, lacs, rivières, côtes des deux Etats.

Art. 39. — Les stipulations du présent Traité relatives au commerce, à la navigation et à l'extradition conserveront leur force et vi-

estos crimenes merecieren penas infamantes é afflictivas.

Art° 36°. — Por parte de cada pais la entrega de los criminales se hará solamente por autoridad y mandato del Poder Ejecutivo, y los gastos que se ocasionaren la detencion y entrega de los acusados, efectuados en virtud de los articulos precedentes, serán á costa de la parte que establece la demanda o reclamacion.

Art° 37°. — Las estipulaciones de los articulos anteriores relativas á la entrega de los criminales fugitivos, no serán aplicables à los hechos cometidos ántes de la ratificacion del presente Tratado ni á los de caracter politico.

Art° 38°. — Las altas partes contratantes se reservan establecer mas tarde convenciones especiales relativas al servicio postal y à la pesca en los estanques, lagos, rios y costas de ambos Estados.

Art° 39°. — Las estipulaciones de este Tratado relativas à comercio, navegacion y extradicion solo tendran fuerza y vigor durante vein-

gueur pendant vint-cinq ans, à compter du jour de l'échange des ratifications, mais les stipulations ayant trait aux autres objets y compris seront perpétuellement obligatoires.

Art. 40. — Le présent Traité de paix, de commerce, de navigation et d'extradition sera ratifié et les ratifications échangées au Port-au-Prince, dans le délai de trois mois, à compter de cette date, ou avant, s'il est possible.

En foi de quoi, les Plénipotentiaires des parties contractantes ont signé la présente Convention et y ont apposé leurs sceaux respectifs.

Fait en double original, en français et en espagnol, dans la ville du Port-au-Prince, le neuvième jour du mois de novembre de l'an du Seigneur mil huit cent soixante-quatorze.

PROPHETE, D. LABONTÉ, LIZAIRE, Em. M. A. GUTIERREZ, Carlos NOUEL, J. CAMINERO, COCCO, A. BEAUREGARD.

te y cinco anos contados desde el dia del cange de las ratificaciones, pero las que refieren à los demas extremos comprendidos en el seràn perpetuamente obligatorias.

Art. 40°. — El presente Tratado de paz, comercio, navegacion y extradicion debe ser ratificado y las ratificaciones cangeadas en la ciudad de Puerto-Principe, dentro de tres meses à contar de la fecha del mismo o antes si fuere posible.

En fé de lo cual, los Plenipotenciarios de las Partes contratantes han firmado la presente convencion y estampado sus respectivos sellos.

Hecho en doble original, y en idiomas espanol y frances, en la ciudad de Puerto-Principe, el noveno dia del mes de Noviembre del año del Senor de mil ochocientos setenta y cuatro.

Carlos NOUEL, J CAMINERO, COCCO, PROPHETE, D. LABONTÉ, LIZAIRE, Em. M. A. GUTIERREZ, A. BEAUREGARD.

Liberté — Égalité — Fraternité

RÉPUBLIQUE D'HAÏTI

DÉCRET

L'Assemblée nationale législative, réunie en vertu de l'arrêté de S. E. le Président d'Haïti, en date du 23 décembre dernier, qui la convoque à l'extraordinaire, après avoir examiné le Traité de Paix, d'Amitié, de Commerce, de Navigation et d'Extradition, conclu entre la République d'Haïti et la République Dominicaine, en date du 9 novembre 1874;

Usant des pouvoirs que lui confère l'article 193 de la Constitution, décrète ce qui suit :

Article 1er. — Le traité conclu entre la République d'Haïti et la République Dominicaine demeure sanctionné.

Art. 2. — Le présent décret sera exécuté à la diligence des Secrétaires d'État, chacun en ce qui le concerne.

Fait au Palais de l'Assemblée nationale législative, au Port-au-Prince, le 20 janvier 1875, an 72e de l'Indépendance.

Le Président de l'Assemblée nationale,

J. THÉBAUD.

Les Secrétaires,

J. A. DUMBAR, A. ANDRÉ.

AU NOM DE LA RÉPUBLIQUE

Le Président d'Haïti ordonne que le décret ci-après soit revêtu du sceau de la République, imprimé, publié et exécuté.

Donné au Palais National, au Port-au-Prince, le 20 janvier 1875, an 72e de l'Indépendance.

DOMINGUE.

Par le Président :

Le Secrétaire d'Etat,
Vice-Président du Conseil,

S. RAMEAU.

Le Secrétaire d'Etat de l'Intérieur, etc.

C. HEURTELOU.

Le Secrétaire d'Etat des Cultes et de l'Instruction publique, chargé par intérim du département de la Guerre,

MADIOU.

Le Secrétaire d'Etat des Finances, du Commerce et des Relations Extérieures,

EXCELLENT.

Le Secrétaire d'Etat de la Justice,

BOCO.

HYPPOLITE, Président d'Haiti,

A tous ceux qui ces présentes lettres verront :

Salut.

Comme le traité d'arbitrage signé à Santo Domingo entre la République d'Haïti et la Republique Dominicaine, le trois juillet mil huit cent quatre-vingt-quinze, Nous fait l'obligation, en son article deux, de nommer un ou deux agents qui seront chargés de produire à Sa Sainteté le Pape les notes et explications nécessaires à l'examen de la question telle qu'elle est posée à l'article premier dudit traité et soumise à l'arbitrage du Saint-Père; pour ces causes, Nous confiant entièrement en la capacité et expérience, zèle et patriotisme de nos très distingués concitoyens : Demesvar Delorme, Envoyé Extraordinaire et Ministre Plénipotentiaire d'Haïti à Berlin et à Rome, et Dalbémar Jean-Joseph, Envoyé Extraordinaire et Ministre Plénipotentiaire d'Haïti à Santo Domingo, Nous les avons nommés, commis et députés, et par ces présentes signées de notre main, les nommons, commettons et députons nos agents spéciaux près de Notre Saint-Père le Pape, leur donnant plein et entier pouvoir de se présenter devant le Souverain Arbitre, de lui remettre tous mémoires et explications, de lui soumettre tous documents susceptibles d'établir les droits de la République d'Haïti; de notifier lesdits mémoires aux agents de la République Dominicaine et de recevoir notification des mémoires de la Partie adverse, et d'y répondre, s'il y a lieu, par des contre-mémoires, le tout en se conformant aux dispositions du Traité d'arbitrage susparlé et en observant les délais prévus audit Traité.

En foi de quoi Nous avons fait mettre notre sceau à ces présentes.

Donné à Port-au-Prince, le deuxième jour du mois d'août mil huit cent quatre-vingt-quinze, an quatre-vingt-douzième de l'Indépendance.

Signé : HYPPOLITE.

Par le Président :

Le Secrétaire d'Etat des Relations extérieures,

Signé : FAINE.

MÉMOIRE

DU GOUVERNEMENT HAÏTIEN

MÉMOIRE

DU GOUVERNEMENT HAITIEN

Très respectueusement présenté et soumis à Sa Sainteté le Pape, en conformité de l'article 3 de la Convention d'arbitrage conclue le 3 juillet 1895 par la République d'Haïti avec la République Dominicaine, sur l'interprétation de l'article 4 du traité du 9 novembre 1874, existant entre les deux Républiques.

APERÇU GÉOGRAPHIQUE ET STATISTIQUE.

L'île d'Haïti, la plus grande des Antilles après Cuba, se divise actuellement en deux États indépendants.

Le premier à l'ouest, avec Port-au-Prince pour capitale, a conservé le nom de République d'Haïti. On y parle français.

Le second à l'est, séparé du premier au commencement de l'année 1894 et ayant la ville de Santo Domingo pour capitale, a pris le nom de République Dominicaine. On y parle espagnol, mais non pas exclusivement dans certains districts très étendus, comme Samana, Pajarito, San Cristobal, Neiba, Saint Jean, Les Matas, où le patois haïtien est presque aussi répandu que l'espagnol.

La République d'Haïti, avec une population triple de celle de sa voisine, occupe un tiers seulement de l'île. Elle compte 1,210,625 habitants, et sa superficie est de

30,000 kilomètres carrés (1), selon une estimation qui donne 5,200 lieues carrées ou 83,200 kilomètres carrés à toute l'île.

La République Dominicaine compte, dit-on, 400,000 âmes environ, avec une superficie de 53,000 kilomètres carrés, selon la même estimation mentionnée.

La ligne frontière séparant les deux Etats est à une distance de 60 à 80 kilomètres seulement de la capitale de la République d'Haïti, tandis qu'elle est à 400 de la capitale de la République Dominicaine.

Des cinq fleuves dont l'île est principalement arrosée, la République Dominicaine en renferme quatre ; et encore l'autre, l'Artibonite, qui traverse la République d'Haïti, a comme les premiers sa source et une partie de son cours en terre dominicaine.

Le capital immobilier, en Haïti, appartient encore tout entier aux citoyens du pays. A Santo Domingo, il a déjà passé en majeure partie et pour les meilleurs fonds aux mains de l'étranger. Toutes les usines et grands établissements agricoles sont la propriété d'étrangers. On peut en dire autant du commerce et de l'industrie.

Au 31 décembre 1894, la dette publique d'Haïti était de $ 19,037,130, moitié or moitié gourde, et celle de Santo Domingo d'environ $ 14,000,000 or.

Cette dernière, qu'on estime être aujourd'hui de $ 20,000,000 (100,000,000 de francs), est contractée, peut-on dire, presque entièrement envers la « San Domingo Improvement », compagnie américaine qui, à l'hypothèque qu'elle

---

(1) L'indemnité consentie par la République d'Haïti envers la France ayant été de 90,000,000 de francs, selon le chiffre auquel elle a été ramenée en 1838, la proportion relativement à la superficie serait donc de 3,000 francs par kilomètre carré.

avait déjà des douanes de la République et d'un chemin de fer central en construction, vient d'ajouter la propriété de la Banque Nationale de Santo Domingo.

Les recettes publiques d'Haïti montent, par exemple, pour l'exercice budgétaire de 1895-1896, à 7 millions 940,440.66 piastres fortes (1) (quarante millions de francs environ), et celles de la République Dominicaine n'atteignent que $ 2,756,929.02 argent mexicain (année 1894).

Historique

Ce n'est pas sans avoir subi des transformations multiples, qui ont totalement changé les conditions de l'ancien régime colonial, que Haïti en est venu à son état actuel.

Pour ne remonter qu'au commencement du siècle, l'île alors appelée Saint-Domingue appartenait tout entière à la France.

A ses anciennes possessions, cette grande puissance avait réuni d'abord Saint-Raphael, Saint-Michel et Hinche, conquis pour elle par Toussaint-Louverture; et un an après, le reste de la colonie espagnole acquis par cession stipulée en sa faveur au traité de Bâle, en l'année 1795.

La lutte entre la liberté et l'esclavage étant engagée sur le territoire de l'ancienne partie française augmenté des quartiers conquis par Toussaint-Louverture, la Providence bénit les efforts des opprimés. Ils proclamèrent leur indépendance, le 1er janvier 1804, ayant Dessalines pour chef et faisant reprendre à l'île le nom indien de Haïti qu'elle portait au temps de la découverte.

Le jeune Etat, en fait, était formé de toute la partie occidentale, jusques et y compris la province du Cibao dont les

(1) En 1890, elles avaient atteint le chiffre de 9,000,721 piastres réalisées.

habitants, depuis décembre 1803, avaient envoyé l'abbé Jean Richardo et les capitaines Domingo Perez Guerra et José Compas Tabarrès porter leur adhésion à Dessalines.

Mais vers le milieu de 1804, le Cibao et Santiago, sa capitale, retombèrent aux mains des Français, qui purent encore réoccuper les points abandonnés l'année suivante par Dessalines. Couronné Empereur, celui-ci était venu, aux mois de février et mars 1805, mettre le siège devant Santo Domingo, après qu'il s'était rendu maître de toute la partie de l'Est et avait réduit les Français à s'enfermer dans cette ville, le dernier refuge de ce qui leur restait de forces. L'arrivée d'une escadre française détermina l'Empereur à s'en retourner dans l'Ouest.

En 1809, enfin, époque où Hinche aussi avait déjà passé au pouvoir des Haïtiens, les habitants de l'Est, se soulevant et aidés des Anglais, chassèrent les Français et se placèrent de nouveau sous la domination espagnole avec le territoire qui n'avait pas passé sous la puissance des Haïtiens. Ceux-ci restèrent depuis lors en pleine et paisible possession de Saint-Raphael, Saint-Michel et Hinche, possession qui ne fut pas contestée par l'Espagne, même après que le traité de 1814 lui eut rétrocédé la colonie espagnole (1).

Malheureusement, la nouvelle nation n'avait pas tardé à être elle-même en proie à la guerre civile. Dès 1806, à la

(1) On voit à la louange de l'Espagne qu'elle se conformait à un principe de justice bien connu en droit international et énoncé comme suit, avec un à-propos remarquable : « Aussitôt qu'un souverain (*a*) par le traité définitif « de paix (*b*) a cédé un pays au conquérant (*c*), il a abandonné tout le droit « qu'il y avait et il serait absurde qu'il pût redemander ce pays à un nouveau « conquérant (*d*) qui l'arrache au premier, ou à tout autre prince qui l'aura « acquis à prix d'argent, par échange, et à quelque titre que ce soit. » *Vattel* Liv. III § 198; *Hid.* § 212, Rappr. *Calvo* § 2456; Bluntchli, art. 733.

(*a* L'Espagne, par exemple.

(*b* Traité de Bale.

(*c* La France.

(*d* Haïti.

mort de Dessalines, elle s'était divisée en deux Etats séparés ayant pour chefs Christophe bientôt couronné Roi dans le Nord, et Pétion avec le titre de Président de la République dans l'Ouest et le Sud.

En 1810, le Sud, à son tour, se détacha; de façon qu'en ce temps-là il y avait quatre gouvernements distincts dans l'île, en comptant la colonie espagnole dans l'Est.

Ce n'est que sous l'administration du Président Boyer que les diverses parties se réunirent successivement au Gouvernement établi à Port-au-Prince. D'abord le Sud en 1818, ensuite le Nord en 1820 et enfin l'Est en 1821-1822 (1).

En effet, en 1821, les mêmes habitants de l'Est secouèrent le joug de l'Espagne. Le mouvement commença le 15 novembre 1821 à Dajabon et à Monte Christi, qui se réunirent immédiatement à la République d'Haïti, et dont l'exemple fut suivi par les différentes parties avoisinantes de la frontière. Santo Domingo ne se leva que le 1er décembre. Là aussi, après une tentative d'union à la République de Colombie, on consentit à se réunir de préférence à celle d'Haïti. Evénement qui s'accomplit le 19 jauvier 1822.

A partir de là et durant plus de vingt-deux années, l'île d'Haïti forma un seul et même Etat.

Elle jouissait donc d'une paix générale datant de bien longtemps déjà quand, en 1843, la révolution, qui renversa le Président Boyer, rouvrit l'ère des dissensions. L'esprit de révolte soufflait partout.

Il s'ensuivit bientôt un mouvement insurrectionnel dans la ville de Santo Domingo, en même temps que les autres parties du pays se levaient — dans l'Ouest pour proclamer la déchéance du chef d'alors, le Président Rivière Hérard — dans le Nord pour tenter de se constituer aussi

---

(1) De ces trois réunions, la plus pacifiquement faite fut celle de l'Est.

en Etat séparé et indépendant, — dans le Sud pour donner naissance à une guerre sociale.

Ces divers soulèvements se rapportaient à une même cause générale.

En 1844, le pays d'un bout à l'autre était désaffectionné et fatigué du Gouvernement de Rivière Hérard. La nouvelle administration n'avait rempli aucune des promesses de son programme.

Le manifeste de la révolution s'était élevé contre l'omnipotence du Président Boyer, et Rivière Hérard se montrait encore plus omnipotent et très violent dans ses allures de dictateur. — La révolution avait été faite au nom de la *réforme*. Et Rivière Hérard était au dernier degré autoritaire et absolu.

Au dire de M. Garcia, Rivière Hérard, à la tête d'une nombreuse armée et usant d'un pouvoir discrétionnaire, arrivait à Santo Domingo comme un nouveau conquérant. « Sa politiqne, continue l'historien dominicain, tendait à restreindre toutes les libertés. Il prêta une main « puissante aux abus et établit le règne de l'arbitraire et de « la violence. S'appuyant sur l'élément conservateur, il fit « dissoudre le Comité populaire, annula les élections qui « avaient eu lieu déjà, en fit faire d'autres à son gré, « mit en liberté tous les criminels détenus et autorisa les « persécutions contre le parti libéral, dont les principales « notabilités durent recourir à la fuite pour échapper à la « prison où d'autres se virent réduits. » V. p. 69 de l'*Histoire de Santo Domingo* par J. G. Garcia.

Certes, ce n'était pas pour plier servilement le genou devant un despotisme de ce genre qu'on avait renversé le Président Boyer.

Voilà où l'on en était dans l'Est, tout comme dans les autres parties du pays.

Cette *réforme* dont les idées avaient enflammé les jeunes gens de la ville de Santo Domingo, à l'imitation de ceux des Cayes, Jérémie et Port-au-Prince, était un mouvement de régime intérieur visant à une réorganisation politique et administrative plus libérale de la République une et indivisible.

Les plus ardents n'aspiraient qu'à obtenir des franchises départementales ou communales plus larges. Et nonobstant les griefs relevés contre le général Rivière Hérard, l'unité politique de l'île continuait à avoir l'adhésion générale, à quelques rares exceptions près.

C'est au point que Baez, comme le racontent discrètement ses compatriotes, alors maire d'Azua et le même qui devint plus tard et plusieurs fois Président de la République Dominicaine, dénonça la conspiration au Gouvernement d'Haïti dès qu'il en eut connaissance (1).

Et parmi les écrits alors imprimés à Santo Domingo, se distinguait « La Chicharra », *hoja repartida clandestinamente que tuvo por objeto alertar à las autoridas haitianas contra los trabajos de los revolucionarios dominicanos.* — Garcia, p. 66.

Cependant le mécontentement montait, gagnait de proche en proche.

Les révolutionnaires dominicains en profitèrent.

La confusion était extrême. Les esprits troublés allaient souvent à l'aventure. Et il est arrivé ce qui d'ordinaire arrive en temps de révolution : — que beaucoup de personnes ont concouru à l'action sans se douter du résultat auquel on allait aboutir, voulant au contraire tout autre chose.

Nombre de gens entrèrent dans le mouvement croyant qu'il s'agissait seulement d'une réaction boyériste contre Rivière Hérard.

---

(1) C'est par un Haïtien du nom de Liautaud, résidant à Azua, que Baez fit passer l'avis à Port-au-Prince.

La confusion fut telle qu'un tiers-parti, composé d'anciens conservateurs, par hostilité contre les libéraux duartistes, commença dès lors à faire des démarches dans les colonies voisines, sollicitant l'appui ou la protection d'une Puissance étrangère (1).

Mais tout cela, bien entendu, se passait dans le monde très divisé de la politique militante.

Quant aux populations elles-mêmes, elles étaient, malgré l'état révolutionnaire du pays, restées parfaitement tranquilles.

On sait que les Dominicains tiennent Duarte pour le promoteur de l'idée séparatiste. Ils racontent que, élevé en Espagne et revenu depuis peu dans le pays, Duarte avait commencé, en 1838, à propager l'idée par la création à Santo Domingo d'une société secrète nommée « La Trinitaire ».

Il fut dans le parti de la Réforme contre le Président Boyer et ensuite contre le Gouvernement provisoire. Il dut fuir, dénoncé par des personnes de la plus haute notabilité de sa ville, quand Rivière Hérard, appelé en toute hâte, se rendit à Santo Domingo (2).

Il avait déjà abandonné le pays (10 septembre 1843) et s'était réfugié à Curacao, quand fut préparée la prise d'armes du 27 février.

Du reste, ce mouvement vint du dehors et est principalement dû au zèle d'un étranger entreprenant.

C'est à Port-au-Prince que fut concertée la prise

---

(1) On va jusqu'à dire que Duarte lui-même était pour le protectorat de la Colombie. V. *El Telefono* du 7 mars 1896.

(2) Lettre de Duarte adressée le 7 mars 1865 au Ministre des Relations Extérieures pour protester contre l'idée d'annexer Santo Domingo aux États-Unis d'Amérique. Cette lettre est rapportée dans « l'Exposition au Congrès », le 27 février 1894, pour solliciter la permission d'ériger une statue à Duarte. P. 23 : « I por ellomereci, en el ano de 43 ser perseguido á muerte por esa faccion « entonces haitiana, i por Rivière, que la protejia, i à quien engañaron. »

d'armes de Santo Domingo. Le Consul général de France, résidant à Port-au-Prince, M. Levasseur, en conçut le plan au bénéfice de son pays. Séparation et indépendance de Santo Domingo sous le protectorat de la France, qui aurait pour sa part la cession absolue de la péninsule et de la baie de Samana. *Plan que habia sido convenido en Port-au-Prince, entre la mayoria de los representantes que asistieron a las sesiones de la Asemblea Constituyante y M. Levasseur, consul général de Francia, etc.* Garcia, p. 76.

C'est encore un consul français, celui de Santo Domingo, M. Eustache de Juchereau de Saint-Denis, qui influença l'autorité et détermina la capitulation précipitée du général Desgrottes devant l'insurrection, abandonnée déjà de nombre de ses adhérents. *(Aunque en el tiroteo de la noche, Sanchez se vio abandonado de algunos.)* Garcia.

Et un amiral français, chef d'escadre des Antilles, qui s'était rendu dans la baie d'Ocoa, en vue des combinaisons arrêtées, *en expectativa de combinaciones anunciadas*, essaya d'effrayer les Haïtiens par des démonstrations hostiles concertées avec le général Santana, chef des Dominicains (1).

Si les choses ne se sont pas passées alors tout à fait comme l'avait préparé M. Levasseur, c'est que son Gouvernement refusa de le suivre dans cette aventure.

Nous copions: « Nonobstant les efforts que firent les conservateurs et l'appui qu'ils rencontrèrent dans le consul français et quelques commerçants étrangers, il leur fut impossible de réaliser pour le moment leur projet tendant à chercher la sûreté du pays dans le protectorat d'une puissance étrangère.

« Quelles furent alors les difficultés qui les empêchèrent de mener à fin leurs desseins ?

---

(1) Tout ceci est tel que le raconte M. Garcia, 1re éd. de son histoire, T. 2, pages 76 à 78, 91 et 96. — Les mêmes faits sont rappelés dans « l'Exposition au Congrès national » pour l'érection de la statue de Duarte.

« Le refus du Gouvernement de Louis-Philippe d'accueillir la proposition du consul Levasseur, acceptée par l'amiral Desmoges, motif pour lequel le ministre français, M. Guizot, dans une conférence tenue à cet effet, porta à la connaissance de l'ambassadeur d'Espagne à Paris que la partie espagnole de Santo Domingo avait secoué la domination d'Haïti et demandait à se mettre sous le protectorat de la France; mais que le Gouvernement du Roi n'était pas disposé à y accéder; pourquoi il était possible que la partie soulevée désirât se mettre sous la protection de l'Espagne, auquel cas la France n'y ferait aucune opposition, d'autant plus qu'il pensait que l'Angleterre non plus ne ferait d'opposition à ce que le protectorat se réalisât. » *Garcia*, p. 96.

L'Espagne, comme en 1843, refusa également.

Et, en dépit de ses propres sollicitations, la République Dominicaine demeura avec sa souveraineté entière (1).

Le mouvement effectué, comme on l'a vu, à Santo Domingo, le 27 février, des commissaires spéciaux partirent pour obtenir (*solicitar*) l'adhésion des différentes populations. Et ce furent ces populations qui, adhérant successivement au mouvement séparatiste, se sont, depuis lors, formées en Etat indépendant sous le nom de République Dominicaine, aspirant à se donner les mêmes frontières que celles de l'ancienne colonie espagnole.

Ils mirent ainsi dans leur Constitution que les limites du nouvel État étaient celles de 1777.

Ils faisaient par là exactement ce qu'avaient fait les Haïtiens qui, depuis 1804, mettaient dans leur loi constitutionnelle que toute l'île, qu'ils ne possédaient pas encore tout entière, formait cependant le territoire de l'Etat. Ils pronon-

(1) C'est en présence de ces continuelles sollicitations pour le protectorat ou l'annexion que le général La Gandara eut un mot très sévère pour le pays. « *Pero la flamante Republica Dominicana al tener sus documentos corrientes no sabia que hacer de su independencia.* (P. 78.) »

cèrent aussi la confiscation de toutes les propriétés particulières que pouvaient avoir les Haïtiens chez eux.

Le Gouvernement d'Haïti, certes, ne laissa pas opérer la séparation sans chercher à la réprimer. Mais il fut arrêté soudainement dans ses premiers pas, à cause de l'anarchie qui se déchaîna sur le reste du pays, et, par son intensité autant que par sa durée, menaça de tout anéantir. (Voir Garcia, T. 2 page 86.)

L'indépendance dominicaine, échappant aux premiers coups de la répression, échappait aussi à une ruine qui était alors certaine et que rendait encore plus imminente la discorde surgissant au milieu des chefs compétiteurs.

Dès qu'il eut assuré l'unité et ramené le calme dans la partie occidentale, le Gouvernement haïtien se tourna du côté de l'Est pour le faire rentrer sous son autorité.

Ce fut dès lors et par la suite l'objet de ses plus constants efforts.

Plusieurs expéditions eurent lieu.

L'armée haïtienne pénétrait plus ou moins avant dans le pays dominicain ; mais, travaillée par des conspirations ourdies dans son sein, elle était bientôt défaite (1). Poursuivie à son tour plus ou moins par les Dominicains, elle repassait la frontière. Et chaque parti reprenait bientôt les positions respectivement occupées par l'un en face de l'autre (2).

Les Dominicains n'avaient rien négligé pour mettre les

(1) « Nosotros sabemos que una vez disparado el primer tiro en las fron- « teras, el trono de Soulouque bambolcara, porque los republicanos de Haïti « asechan la hora de echarle por tierra. » *El Dominicano*, journal de Santo Domingo. — 8 décembre 1855, n° 22. Voir aussi le n° 30.

(2) La *Gaceta de Gobierno* du 12 février 1856, vantant toujours les prouesses de ses compatriotes, raconte comme suit le dernier fait d'armes dominicain dans la campagne de 1855-1856 :

« Un parte oficial de S. Ex. el señor général Libertador, anun- « cia al señor Ministro de la guerra que encontrandose los Haitianos entre el

Puissances Étrangères dans leur intérêt. — A part la mesure prise en vue de concilier la sympathie de l'étranger en général, c'est-à-dire d'accorder à tous le droit de propriété immobilière (ce qu'Haïti refusait à cause de l'esclavage existant encore), ils avaient dès le commencement — on l'a vu déjà — fait toutes sortes de démarches auprès des Puissances Étrangères, l'une après l'autre et quelquefois en même temps, soit pour s'annexer, soit pour demander leur protectorat, soit pour leur offrir des stations à Samana ou à la baie de Mancenille.

Ils s'étaient fait ainsi pour leur lutte avec Haïti de véritables alliés, surtout dans la personne des consuls. — A Santo Domingo comme à Port-au-Prince, ces derniers, répétons-nous, pleins de zèle et allant plus vite que leurs Gouvernements, encourageaient et aidaient singulièrement les Dominicains. Ils laissaient espérer l'intervention même armée de leurs nations, en même temps qu'ils faisaient tout ce qu'ils pouvaient pour exercer une pression sur Soulouque, essayer de l'intimider, entraver ses résolutions et mettre Santo Domingo au courant de ses moindres mouvements.

La lutte fut longue. L'état de guerre active dura quinze ans, c'est-à-dire jusqu'à la chute de l'empereur Soulouque, qui fut le chef haïtien le plus persistant à vouloir, à force ouverte, reprendre la partie de l'est.

« lugar nombrado « El puerto » y la poblacion de Caobas, no tan solo ocupando « esos puntos, sino con sus avanzadas posesionadas en Caciman, segun parte « del jefe de las fronteras del sur, ordenó etc.

« En efecto, los uuestros marcharon á atacar aquellos puestos, etc...... « el enemigo.....emprendió la fuga, abandonando el puesto de Caciman. — « Nuestros soldados se apoderon de el, pusieron fuego à sus barracas, cuarteles y trincheras y continuaron su marcha persiguiendo al enemigo. En el « Puerto...., los Haitianos emprendieron de nuevo su fuga. Alli tambien se « les destruyó todo lo que tenian construido, trincheras, cuarteles, ranchos,etc. « y una vez concluido tan felizmente el objeto de nuestro destacamiento expe- « dicionario, se hizo contramarcha hasta llegar nuestras tropas el 5, sin nove- « dad alguna, al canton de Las Matas. ». Voir le recueil de documents publié par J. G. Garcia sous le titre de « Guerra de la Separacion domanicana » p. 72 et 73.

Dans l'intervalle, la République Dominicaine avait été reconnue en 1850 par l'Angleterre, en 1852 par le Danemark et par la France, en 1854 par la Sardaigne, en 1855 par l'Espagne, en 1856 par la ville libre de Brême et par les Pays-Bas.

L'Empereur abdiqua le 15 janvier 1859. Le Président Geffrard, qui le remplaça au pouvoir, se prêta à des relations pacifiques et amiables, en ayant soin d'éviter ce qui pourrait être pris pour une reconnaissance de l'Indépendance dominicaine. Il se borna, sous la médiation des consuls de France et d'Angleterre, à consentir une trêve de cinq ans (1).

Cependant, le parti annexionniste, qui n'avait jamais cessé de s'agiter à Santo Domingo, l'emporta enfin. Et en 1861, le Gouvernement du général Santana, sous prétexte ou avec une sincère conviction que sans cela Haïti allait inévitablement, pacifiquement et à bref délai, absorber Santo Domingo, annexa le pays dominicain à l'Espagne.

---

(1) Dans le système politique et la croyance générale des Haïtiens depuis 1804, l'unité de territoire et de souveraineté était indispensable dans l'île pour garantir leur sûreté comme peuple libre et indépendant, prévenir surtout les dangers du voisinage, côte à côte sur une île petite, d'une Puissance possesseur d'esclaves....

« Esa obstinada pretencion se explica por razones de convenencia propia « y por antecedentes historicos harto conocidos. No hay duda que repugna à la « misma naturaleza ver partida en dos por la diplomacia una isla pequeña, espec- « taculo semejante al que nos ofrecieran dos hombres batiendose à muerte en « alta mar sobre una balsa de naufragio. » (Gandara, T. 1, pag. 191.)

Répondant à M. de Castro, plénipotentiaire espagnol envoyé en 1830 pour réclamer la restitution de la partie espagnole réunie depuis 1822, Haïti disait: « On ne peut refuser à ceux que la violence a privés de la liberté le droit de la reconquérir lorsqu'ils en ont le pouvoir: c'est ce que les Haïtiens ont fait et ont dû faire, en brisant le joug qui leur était imposé, mais il ne leur suffisait pas de s'être ressaisis de leurs droits, il leur fallait encore une patrie dans laquelle ils pussent vivre en sécurité, en consolidant leur existence nationale; c'est ce qui a motivé la déclaration faite par leur acte constitutionnel pour le territoire.... sur ce principe incontestable: que le premier devoir d'une nation est de veiller à sa conservation et de garantir sa sécurité. »

L'abolition de l'esclavage et la promesse des Dominicains pour l'inaliénabilité du territoire ont sans doute changé ces dispositions.

Celle-ci l'évacua quatre ans après, ayant éprouvé assez de résistance pour reconnaître que le sentiment véritable de la majorité des Dominicains n'était pas pour l'annexion espagnole.

Or, durant ce temps comme auparavant depuis l'époque de la séparation, les frontières étaient restées telles que les avaient faites les événements : du côté d'Haïti surtout. Car les Dominicains, eux, étaient venus après la cessation des hostilités occuper par exemple les bourgs de Dajabon et de Banica.

Et ce *statu quo* des limites se maintint en dépit d'une réclamation espagnole qui fut présentée le 18 mars 1862, pour être bientôt abandonnée, catégoriquement repoussée par le Gouvernement d'Haïti (1). L'Espagne, remplaçant la République Dominicaine, revendiquait les prétentions de celle-ci aux limites qu'elle avait écrites dans sa Constitution. A la vérité, l'Espagne faisait cette revendication plutôt pour des motifs politiques et stratégiques, c'est-à-dire à cause de l'hostilité marquée des Haïtiens et de l'appui qu'ils étaient encore disposés à prêter aux patriotes dominicains, outre que la position visée mettait les forces espagnoles au cœur de la République haïtienne.

L'année précédente, le Gouvernement du Président Geffrard qui, au début, avait très vivement protesté et lancé une très énergique proclamation contre l'annexion, s'était trouvé compromis dans une expédition dominicaine sur les frontières, comme ayant aidé en hommes, argent, armes et munitions le général Sanchez contre l'occupation espagnole.

Une forte escadre sous les ordres de l'amiral Rubalcava fut immédiatement envoyée dans les eaux d'Haïti, ayant

---

(1) Voir mémoire de M. Plésance, secrétaire d'Etat des Relations Extérieures d'Haïti, au Président Geffrard sur la réclamation de l'Espagne.

entre autres pour instructions de bombarder toutes les villes et ports de la République, couler ou saisir tous ses navires de guerre ou de commerce, si le général Sanchez tenait encore la campagne; sinon, d'exiger une réparation exemplaire de cette agression et l'engagement formel de garder dorénavant la neutralité et de bien surveiller la frontière. Sanchez avait déjà succombé et sa petite troupe avait été dispersée, à l'arrivée de l'amiral devant la capitale d'Haïti, qui, ne pouvant résister, dut enfin donner les réparations exigées, payer immédiatement un million de francs d'indemnité et promettre la neutralité imposée.

Cependant trois ans après, et la guerre pour la restauration de l'indépendance datant déjà de deux ans, le même Gouvernement d'Haïti offrait ses bons offices et faisait accepter sa médiation pour mettre fin à la guerre.

L'évacuation de l'île fut bientôt décidée à Madrid sur la supplique que le Gouvernement provisoire de Santiago, au nom du peuple dominicain, adressa à Sa Majesté la Reine d'Espagne, le 3 janvier 1865, par l'entremise du Président Geffrard, qui en avait inspiré les termes discrets et prudents — *la habia redactado Geffrard.... terminos discretos y prudentes en que está concebida*, rapporte le général de la Gandara.

Dès que par le triomphe du parti autonomiste la République Dominicaine eut ainsi recouvré son indépendance, éclairé par l'expérience, rapproché par la communauté de malheur et d'intérêt autant que par le souvenir des services prêtés au cours de ces récents événements, on céda dans l'un et l'autre pays à la nécessité de conjurer les funestes effets de la vieille et réciproque méfiance, en s'unissant sérieusement par une Convention qui assurât l'indépendance autant que la sécurité des deux Etats dans l'île.

Pour y parvenir, il fallait en première ligne abandonner la fiction territoriale pour s'en tenir au principe des possessions effectives.

C'est ainsi que, donnant l'exemple, la République d'Haïti, en 1867, manifesta sa pensée par la modification de sa Constitution, où les limites ne furent plus indiquées dès lors comme comprenant l'île entière.

La République Dominicaine devait répondre, en retour, par un pareil abandon de ses prétentions extraterritoriales.

Le 26 juillet, un traité était signé avec les stipulations suivantes :

« Art. 5. — Les deux parties contractantes s'obligent à maintenir de toute leur force et de tout leur pouvoir l'intégrité de leurs territoires respectifs, et à ne céder, compromettre, ni aliéner, en faveur d'aucune puissance étrangère, la totalité ni une partie de leurs territoires ou des îles adjacentes qui en dépendent.

« Art. 7. — Un traité spécial fixera ultérieurement la démarcation des limites des deux Etats.

« En attendant, ils se maintiendront dans leurs possessions actuelles. »

Sanctionnée et ratifiée par les Pouvoirs publics à Santo Domingo, cette Convention ne le fut pas en Haïti. Et le traité spécial des limites ne fut pas abordé.

Les deux Républiques étaient retombées dans les dissensions civiles.

Sur ces entrefaites, le parti annexioniste se ressaisit du pouvoir à Santo Domingo, et une nouvelle annexion, cette fois aux Etats-Unis d'Amérique, fut décidée par le Gouvernement du Président Baez, d'accord avec celui du Président Grant.

Un traité à cet effet fut négocié et signé à Santo Domingo le 29 novembre 1869.

Dans le rapport du Ministère d'Etat américain, 16 janvier 1871, aussi bien que dans celui de la Commission d'enquête envoyée sur les lieux, janvier-mars 1871, il est fait mention des anciennes limites, comme le dispose la Constitution dominicaine.

D'autre part, le Président Grant, dans son Message du 5 Décembre 1870 au Congrès, avait émis « l'avis que le « Pouvoir Exécutif fût autorisé par les deux Chambres du « Congrès à nommer des commissaires chargés de négocier « un traité avec les autorités de San Domingo pour l'ac- « quisition de cette île ». M. Preston, Ministre d'Haïti à Washington, s'émut de ce terme: *île de San Domingo*, qui communément, comprend les deux Républiques ensemble; et il demanda au Ministère d'Etat des explications sur ce qui lui semblait aussi une menace contre l'indépendance de son pays. Le Ministre américain répondit, le 12 décembre 1870, « que le Message du Président au Congrès n'a « jamais été considéré comme pouvant fournir un texte à « discussion avec le représentant d'un pouvoir étranger; « et, dans la circonstance présente, il n'y a pas de « raison pour dévier d'une règle établie.

« Un Message du Président est un échange de commu- » nications entre deux branches distinctes de ce gouverne- « ment; et comme tel, c'est strictement et exclusivement un « document privé, duquel aucun pouvoir étranger ne peut « exciper. Si les recommandations contenues dans tel ou « tel Message étaient adoptées par le Congrès et devenaient « des lois, un pouvoir étranger, dans la crainte que ses « droits ou intérêts pussent être affectés, pourrait alors, « avec propriété et par l'entremise de son représentant ici, « faire des objections aux mesures proposées. Pareille « éventualité ne se présentant pas, votre intervention doit « être considérée comme tout au moins prématurée. « *Hamilton Fish.* »

Se sentant menacée dans son existence, la République d'Haïti avait déjà songé à se garer. Elle avait fait ce qu'elle avait pu à cet effet; et son attitude lui avait valu les remontrances du Gouvernement des Etats-Unis par l'organe officiel de M. Bassett, son chargé d'affaires à Port-au-Prince, comme aussi de dures menaces de la marine américaine venue là tout exprès. Le vice-amiral Poor, dans une visite faite en février 1870 au Président Nissage Saget, lui dit qu' « il profiterait de l'occasion pour lui communiquer les « instructions qu'il avait reçues de son Gouvernement en « train de négocier avec celui de Santo Domingo.

En conséquence, il lui déclara que « si une attaque « était dirigée contre le Gouvernement Dominicain, — pen- « dant la durée de ces négociations, — soit sous pavillon « haïtien ou tout autre pavillon, elle sera considérée comme « un acte d'hostilité contre les États-Unis et provoquera « des représailles ». Et lui montrant du doigt ses grands vaisseaux que du Palais on pouvait apercevoir à l'ancre, il fit remarquer « qu'il commandait des forces suffisantes pour « exécuter ses instructions et qu'il attendait d'ailleurs « d'autres forces ». Il conclut par dire « que s'il rencontrait « des navires haïtiens dans les eaux de Dominica, *il les « coulerait ou les prendrait* ».

A quoi le Président Saget, qui ressentit une grande tristesse et une grande humiliation, dit un Américain témoin de la scène, répondit que Haïti avait conscience de sa faiblesse et aussi de sa dignité.

En dépit de tout, Haïti contribua considérablement à faire échouer l'entreprise. Le Sénat américain, grâce aux généreux efforts de M. Sumner et de ses amis, refusa sa sanction. Et quelque temps après, le Président Baez à Santo Domingo fut renversé du pouvoir.

Le nouveau danger auquel venaient d'échapper les deux petites Républiques leur fit réfléchir plus que jamais à la nécessité de se lier par un traité solennel, pour garantir leur indépendance et l'intégrité de leurs territoires respectifs.

De là donc le traité qui règle aujourd'hui les relations des deux peuples. Sa date est du 9 novembre 1874. La disposition relative aux limites est libellée comme suit :

Art. 4. — *Les hautes parties contractantes s'engagent formellement à établir de la manière la plus conforme à l'équité et aux intérêts réciproques des deux peuples, les lignes frontières qui séparent leurs possessions actuelles.*

Cette nécessité fera l'objet d'un traité spécial, et des Commissaires seront respectivement nommés le plus tôt possible à cet effet.

Cette clause, à l'égal de toutes les autres de la Convention, a été conservée et présentée à l'échange des ratifications, sans changement ni observation et absolument telle qu'elle a été écrite et consentie par les Plénipotentiaires réunis.

La reconnaissance de l'*uti possidetis* du moment étant ainsi faite, il y avait à mettre l'une aussi bien que l'autre des deux Constitutions en harmonie avec l'engagement contracté.

La République d'Haïti s'était, trois mois auparavant, le 6 août 1874, donné une nouvelle Constitution dans laquelle elle avait formellement écrit :

Art. 2. — *Son territoire et les îles adjacentes qui en dépendent sont inviolables et ne peuvent être aliénés par aucun traité ou convention.*

Art. 3. — *Le territoire de la République, qui a pour limites frontières toutes les positions occupées actuellement par les Haïtiens, est divisé en départements, etc.*

Les Haïtiens, pour le faire, avaient un double motif.

En 1867, ils avaient simplement éliminé le membre de phrase qui prenait toute l'île pour le territoire de la République.

La Constitution haïtienne se bornait ainsi à garder le silence sur la matière. De là peut-être, pour le patriotisme inquiet de nos voisins, une incertitude capable de causer les craintes qu'ils continuaient à manifester sur les secrètes intentions d'Haïti.

Il fallut les rassurer par une déclaration positive.

D'autre part, on se préparait à la conclusion du traité. — Les négociations étaient déjà ouvertes. On voulut, par une déclaration franche et loyale, ne laisser subsister aucun doute sur le sens dans lequel Haïti entendait négocier et traiter la question de territoire respectif.

Quant à la Constitution dominicaine, tout de suite après le traité elle fut réformée (1) ; et l'ancienne rédaction de l'article 2 fit place à cette autre-ci : « *Le territoire* de la République comprend tout ce qui auparavant se nommait partie espagnole de l'île de Saint-Domingue et ses îles adjacentes. — Un traité spécial déterminera ses limites du côté d'Haïti. »

Egalement la loi annuelle de Santo Domingo sur les patentes ne mentionna plus, depuis lors, Las Cahobas, Hincha, San Rafael et San Miguel, comme elle faisait auparavant, sous la rubrique des communes de 5e classe de la République Dominicaine.

Mais, dans l'année 1876, surgirent, à la suite d'un changement de Gouvernement en Haïti, des difficultés qui troublèrent profondément les relations diplomatiques des deux Républiques.

L'annulation de tous les actes du Gouvernement renversé avait été prononcée, et l'existence même du traité, mise en question à Port-au-Prince. Santo Domingo protesta ; et, tout en rétablissant à son tour l'ancien texte constitutionnel indiquant les limites de 1777, il continua à affirmer la validité de l'instrument de 1874 : attendu, soutenaient alors nos voisins, qu'il ne pourrait être laissé à

---

(1) A proprement dire, on n'était sous l'empire d'aucune Constitution quand fut signé le traité. Celle qui existait avait disparu sous la dictature du général Gonzalez. — *El tratado fue celebrado por un poder dictatorial : ejercialo entonces el général Ignacio Maria Gonzalez investido de facultades omnimodas.* (Rapport fait et voté au Congrès dans sa séance du 21 mai 1883.)

la volonté d'une seule des parties d'annuler un contrat synallagmatique.

Les relations demeurèrent quatre ans dans cet état. On se rapprocha en 1880. On signa des conventions pour déclarer qu'on reprenait les rapports de franche et loyale amitié dans les mêmes conditions que celles établies dans les conventions antérieures, etc., comportant ainsi la reconnaissance du traité de 1874.

On fit plus. Comme au fond c'était à cause des intérêts économiques engagés que l'existence du traité avait été discutée, il fut question de revoir la Convention et de chercher pour l'avenir un règlement plus équitable, si c'était possible, de ces intérêts-là.

Il ne s'agissait pas de toucher aux droits acquis.

Mais le Gouvernement de Santo Domingo exigea avant tout que celui d'Haïti reconnût, encore plus directement et formellement qu'il ne l'avait fait, la force en vigueur du traité.

Ce fut alors, — 1883 —, les conférences étant ouvertes, que se présenta la double interprétation des mots de *possessions actuelles*.

D'une part, la République d'Haïti, par l'organe de son plénipotentiaire, M. Archin, dit que le terme de *possessions actuelles* veut dire « les possessions occupées à l'époque de la signature du traité ; que, partant, le principe de l'*uti possidetis* de 1874 est d'ores et déjà conventionnellement accepté et consacré pour le tracé des lignes frontières ».

D'autre part, la République Dominicaine, qui fait un long commentaire pour arriver à un autre sens, dit

1° Par l'organe de ses Plénipotentiaires, MM. E. Tejera, M. Cestero et J. de Jesus Castro :

« Qu'à son avis les mots de *possessions actuelles* du

traité de 1874 ne pouvaient pas signifier autre chose que les possessions auxquelles à cette date les deux peuples avaient un vrai droit par les titres légitimes qui, entre nations démocratiques cultivant la justice, donnent réellement la propriété, et non pas les possessions, etc., occupées à l'époque de la signature du traité » ;

2° Par la déclaration du Congrès :

« Que par *possessions actuelles* on doit entendre celles qu'a fixées le *statu quo post bellum* en 1856, unique que peut avoir en sa faveur l'*uti possidetis* auquel peut raisonnablement et équitablement se référer la clause mentionnée ; »

3° Par le *Memoria* du Ministre des Relations Extérieures, 27 février 1884 :

« Que les Plénipotentiaires dominicains interprétèrent par *possessions actuelles* celles qui en droit pourraient appartenir à chacun des deux peuples, et dans le même sens opina le Congrès consulté là-dessus. »

Dans cet état, les Plénipotentiaires déclarèrent les conférences terminées le 29 mai 1883.

De nouveaux pourparlers tentés après cela, notamment ceux suivis à Port-au-Prince, en août 1887, par le général E. Generoso Marchena en qualité d'agent confidentiel du Gouvernement Dominicain, n'eurent pas plus de succès.

Enfin, le 18 décembre 1894, une note de la Légation d'Haïti à Santo Domingo, se basant sur les bonnes dispositions récemment montrées de part et d'autre pour arriver à un règlement définitif des questions pendantes, demanda au Gouvernement Dominicain la nomination des commissaires qui, avec ceux d'Haïti, sont appelés, aux termes de de l'article 4, à conclure le traité spécial du tracé des lignes frontières qui séparent les *possessions actuelles* des deux Républiques.

Le Cabinet de Santo Domingo déclara qu'il nommerait les commissaires, si Haïti acceptait les trois points suivants :

« 1° La proposition et l'acceptation préalable d'un accord « préliminaire au moyen duquel se compromettront les deux « hautes parties contractantes à établir, dans le plus bref « délai possible et conformément au droit qui appartient à « chaque peuple, la ligne frontière qui sépare le territoire des « deux Etats, devant servir comme point de départ pour le « tracé de la ligne frontière provisoire les possessions que « les deux Etats occupaient respectivement dans l'année « 1856, sous la condition que cet arrangement préliminaire « et provisoire ne préjudicie en aucune façon aux droits « que peut avoir chacun des deux Etats sur quelque portion « que ce soit du territoire de la frontière.

« De cet accord préalable devra résulter également la « déclaration : que les gouvernements des deux peuples « devront avoir déterminé, dans le délai d'un an au plus « tard, quels ont été les points qu'ils occupaient respecti- « vement en 1856, et la ligne qui devra les joindre entre eux, « les uns aux autres ; devant cet arrangement provisoire, « recevoir la sanction des pouvoirs constitutionnellement « compétents dans chaque pays, et être ainsi publié en entier, « aussitôt qu'il aura dûment reçu l'approbation respective.

« 2° Dans un accord complémentaire du précédent, « qui sera également soumis à l'approbation respective des « pouvoirs précités, il sera spécifié très clairement quels sont « ou devront être les points par où devra passer la ligne défi- « nitive de la frontière, et aussi le mode, la forme et conditions « requises dans lesquels elle devra être tracée, en convenant « aussi préalablement que s'il venait à surgir à cet égard un « désaccord entre les deux Etats, le règlement final en sera « déféré à un tribunal d'arbitres nommés suivant les « usages, les lois et les exigences constitutionnelles de « chacun des deux pays.

« 3° Revision et réforme du Traité de 1874. » — (Note du 4 janvier 1895).

C'était en somme les mêmes propositions des plénipotentiaires dominicains en 1883, répétées par l'agent confidentiel en 1887.

Haïti répondit qu'il n'y avait pas à convenir de nouveau de ce qui était déjà convenu entre les parties; que bien que, en fait, la limite des territoires dont les deux Etats avaient la ferme possession en 1856 ou 1858, soit restée la même, en définitive, que celle qui existait au moment où était signé le traité de 1874, le Gouvernement haïtien, dans tous les cas, pour l'honneur des principes et le respect dû à des stipulations librement, justement et valablement consenties, ne peut que maintenir sa manière de voir sur l'époque du *statu quo* convenu, c'est-à-dire l'*uti possidetis* de 1874 qui est la juste formule, qui est la seule interprétation raisonnablement possible de l'engagement contracté;

Que jusque-là le Gouvernement haïtien n'avait pas cru indispensablement nécessaire le recours à l'arbitrage; que Dominicains et Haïtiens, s'inspirant de l'intérêt bien entendu des deux pays pour se pénétrer de l'esprit de conciliation qu'il faut, pouvaient eux-mêmes régler la question;

Que, pour la revision et réforme, ce n'est pas au moment d'exécuter sans avoir aucunement rempli l'engagement contracté, qu'on peut parler de réforme; et que d'ailleurs ce sont les Dominicains eux-mêmes, en avril 1881, qui ont déclaré que le traité ne pourra être revisé avant le fidèle accomplissement des devoirs qu'il prescrit; qu'enfin, si le traité de 1874 est encore en vigueur, il n'y a qu'une chose à faire, c'est de l'exécuter. Et si son article 4 prescrit la nomination des commissaires, il n'y a qu'à les nommer. *Note du 4 mars.*

Le Ministre dominicain répliqua le 22 mars pour maintenir l'interprétation soutenue par son Gouvernement et confirmer sa proposition d'arbitrage. Il ajouta : Au cas où il arriverait que les arbitres, tout en reconnaissant à la République Dominicaine des droits antérieurs sur des points déterminés de la frontière occupés par Haïti en 1874, reconnussent cependant la convenance que Haïti continue à les posséder, etc., qu'il soit convenu dès maintenant que les arbitres détermineront l'indemnité proportionnelle à laquelle il y aurait lieu en faveur de la République Dominicaine.... Et il finit par proposer des conférences verbales pour arriver à un plus bref accommodement.

Il s'ensuivit ce qui est relaté comme suit, dans la note du 1er mai de la Légation d'Haïti au Ministre des Relations Extérieures de la République Dominicaine :

« Or, des conférences verbales ci-dessus mentionnées,
« il résulta bientôt que le Gouvernement Dominicain fit une
« nouvelle rédaction de la proposition d'arbitrage qu'il voulut
« bien me soumettre et laisser, et que, pour la bonne règle,
« je consigne, avec la traduction en regard, ainsi qu'il suit :

« El Gobierno Dominicano tiene necesidad de que sea resuelto arbitralmente la dificultad existente respecto de la interprétacion del sentido del articulo 4° del Tratado de 1874.

« Asi conviene en que el arbitro o arbitros decidan si el articulo 4° del Tratado de 1874 tiene el sentido i da el derecho que le supone el Gobierno Haitiano, ó tiene el que le supone el Gobierno Dominicano.

« Resuelto el punto a favor de la nacion haitiana, el Gobierno Dominicano se obliga a trazar la linea fronteriza definitiva de modo que queden a favor de Haiti todas

« Le Gouvernement Dominicain a besoin que la difficulté existant à l'égard de l'interprétation du sens de l'article 4 du traité de 1874 soit arbitralement réglée.

« Ainsi il convient que l'arbitre ou les arbitres décident si l'article 4 du traité de 1874 a le sens et donne le droit que lui suppose le Gouvernement Haïtien ou a celui que lui suppose le Gouvernement Dominicain.

« Le point résolu en faveur de la nation haïtienne, le Gouvernement Dominicain s'oblige à tracer la ligne frontière définitive de manière que restent en faveur

las posesiones ocupadas por este en el año 1874.

« En caso de que el arbitro ó los arbitros decidan la cuestion conforme con la interpretacion dada por el Gobierno Dominicano, entonces este, previa autorizacion de la nacion, se obliga a convenir con el Gobierno Haitiano el modo de que este quede en posesion í con perfecto derecho sobre el terreno que tenia occupado en 1874, mediante las compensaciones que en justicia deban concederse.

« Si el Gobierno Haitiano nombrare por sus arbitros al Sume Pontife, al Gobierno Holandès ó al Belga ó al Presidente de los Estados Unidos de America, el Gobierno Dominicano se obliga a aceptar los tambien como arbitros suyos.

d'Haïti toutes les possessions occupées par elle dans l'année 1874.

« En cas que l'arbitre ou les arbitres décident la question suivant l'interprétation donnée par le Gouvernement Dominicain, alors celui-ci, avec l'autorisation préalable de la nation, s'oblige à convenir avec le Gouvernement Haïtien du mode qui laisse Haïti en possession avec droit parfait du terrain qu'elle occupait en 1874, moyennant les compensations qui, en justice, doivent être concédées.

« Si le Gouvernement Haïtien nomme pour ses arbitres le Souverain Pontife, ou le Gouvernement Hollandais, ou le Belge ou le Président des Etats-Unis d'Amérique, le Gouvernement Dominicain s'oblige à les accepter également pour les siens.

« Dans cet état donc de la question où il est bien entendu « que, quelle que soit la décision arbitrale à intervenir, les « possessions territoriales actuelles restent telles qu'elles sont « sauf indemnité pécuniaire, s'il y a lieu ; en ce qu'en effet, « même au cas du 3e alinéa de la proposition du 8 avril, les « compensations ainsi prévues, laissant les possessions « comme elles se trouvaient occupées en 1874, ne pourraient « être qu'en une indemnité pécuniaire ; dans cet état de la

« question, j'ai soumis les propositions de votre Gouvernement à l'appréciation du mien qui, alors, pour donner à la « République Dominicaine une preuve de son vif désir de « faciliter autant qu'il est en son pouvoir une solution satisfaisante et également honorable pour les deux parties, « m'a invité à notifier au Gouvernement de Votre Excellence, « sauf sanction législative, son adhésion à l'arbitrage proposé sur l'interprétation du sens de l'article 4 du traité « de 1874, tel qu'il est formulé dans la proposition remise « le 8 avril écoulé ci-dessus transcrite ; comme aussi son « empressement à accepter le premier nom qui s'est offert « sur la liste du Gouvernement Dominicain pour le choix « de l'arbitre, et qui est celui très vénéré du Très-Saint-Père « le Pape. »

Haïti avait toujours refusé l'arbitrage, trouvant qu'il n'était pas nécessaire de recourir à l'intervention amicale d'une tierce puissance pour reconnaître le sens d'une disposition qu'elle voyait si nette et si claire. La bonne foi des parties devait suffire. Mais les nouvelles conditions de la proposition d'arbitrage et le nom du Saint-Père déterminèrent le Gouvernement haïtien à accepter cette fois.

Le Gouvernement dominicain jugea nécessaire de se faire spécialement autoriser par un plébiscite qui eut lieu les 1er et 2 juin.

Et la convention d'arbitrage fut signée entre les parties le 3 juillet 1895.

Quelques jours après — 21/25 juin — en vertu de la même autorisation plébiscitaire, sortit un décret du Congrès pour la revision de la Constitution touchant l'article des limites et quelques autres également indiqués.

Dans ces entrefaites, était publié le *Memoria* annuel du Ministre des Relations Extérieures, déposé au Congrès dominicain, à la date du 20 mars 1895.

Le document, au chapître des relations avec Haïti, expose l'état actuel de la question des limites, rappelle le point de départ des négociations et relate comme quoi depuis lors la République Dominicaine a renoncé à ses revendications du traité d'Aranjuez et a réduit ses prétentions aux territoires sur lesquels l'avaient établie ses armes séparatistes victorieuses.

Là, du reste, sont développées les prétentions de nos voisins, tout comme plus loin dans le même document, au chapitre de la Délégation apostolique près de l'un et l'autre gouvernements, il est fait mention d'un droit que Santo Domingo prétendrait avoir à la résidence du Délégat apostolique et qui (toujours selon que le prétend Santo Domingo) aurait été reconnu par le Saint-Père.

Nous dirons en passant que ce n'est pas en conséquence d'une pareille prérogative, dont nous ignorons complètement l'existence, qu'a été échangée entre Haïti et la République Dominicaine la correspondance du 26 mars au 5 mai 1894 qui a eu tout autre chose pour objet.

(Pour tout ce qui précède voir aux Annexes la série de notes échangées à Santo Domingo.)

Tel est, sous le rapport des frontières, l'historique simple et vrai des deux États nés l'un au commencement du siècle, l'autre quarante ans plus tard. Il n'y a pas à contester ces faits, puisque là comme dans ce qui va suivre, ils sont tirés de documents dominicains dont nous avons voulu, pour cause, nous servir de préférence à ceux de provenance haïtienne.

TEXTE DE L'ARTICLE

Dont l'interprétation est soumise à l'arbitrage.

« Art. 4. — Les hautes parties contractantes s'engagent formellement à établir, de la manière la plus conforme à l'équité et aux intérêts réciproques des deux peuples, les lignes frontières qui séparent leurs possessions actuelles.

« Cette nécessité fera l'objet d'un traité spécial, et des commissaires seront respectivement nommés le plus tôt possible à cet effet. »

QUESTION

Il s'agit de savoir quel est le sens littéral et vrai du terme de possessions actuelles écrit à l'article 4 de notre traité de 1874.

S'il en résulte, comme le dit Haïti, que *l'uti possidetis* indiqué est celui de l'époque de la signature du traité;

Ou bien, comme le suppose Santo Domingo, plutôt celui de l'année 1856.

Voilà la question dans laquelle se renferme l'objet de l'arbitrage, telle que le comporte la nature du point en contestation et telle aussi que le déterminent, avec toute la précision possible, le préambule et l'article 1er du compromis passé entre les parties le 3 juillet dernier.

DISCUSSION

Préambule

On se propose de montrer le mal fondé des prétentions dominicaines, mettant en pleine lumière que le sens attribué à l'article 4 par l'interprétation haïtienne est le vrai et le même que les négociateurs des deux Parties ont entendu attacher à la clause, alors qu'ils se sont accordés pour signer le traité du 9 novembre 1874.

A cet effet, les moyens et prétentions des parties sont examinés l'un après l'autre, dans l'ordre suivant :

1° Signification du terme de *possessions actuelles* ;
2° Analogie tirée du traité de 1867 ;
3° Circonstance d'un traité spécial à intervenir ;
4° *Statu quo* de 1856 ;
5° Recherche de l'intention des parties contractantes ;
6° Rapprochement des articles 18 et 19 du traité ;
7° De quelques autres règles d'interprétation.

Mais (serait-on tenté de se demander) pourquoi tout ce développement à propos d'une question aussi simple que celle qu'il s'agit d'arbitrer ?

En voici le motif :

A part qu'il y avait à présenter une exposition circonstanciée du sujet, il y avait aussi à considérer que nos voisins ont tant dit là-dessus et le plus souvent avec tant de vivacité, que pour avoir raison de leur persistance, le plus sage était de prendre un à un leurs arguments, et, par une tranquille, patiente et scrupuleuse analyse, montrer ce que ces arguments pouvaient valoir en fait et en droit.

Et ce n'est pas tout. Nous confessons que dans notre idée, il y a quelque chose de plus que le soin de présenter, très humblement et très respectueusement, ce qui a pour objet d'établir la certitude juridique dans l'esprit du Grand Pontife.

C'est le secret espoir de produire en même temps la certitude morale dans la conscience de nos contradicteurs eux-mêmes ou du moins du plus grand nombre, et des principaux !

Pourquoi ne nous serait-il pas permis d'espérer que la franchise de nos explications et l'évidence de nos déductions obtiendront enfin l'adhésion de nos voisins, quand pour cela il n'y avait peut-être qu'à dissiper ce qui n'aurait été jusqu'ici que des malentendus engendrés par l'esprit de contention, suite regrettable mais conséquence naturelle de nos vieilles querelles, heureusement oubliées aujourd'hui ?

Nous croyons que ce n'est pas trop présumer des excellentes dispositions du moment.

En tous cas, c'est notre cordiale sympathie pour nos voisins et notre ardent désir d'une vie de concorde et d'harmonie fraternelle de plus en plus consolidée, autant que le pur sentiment de la justice, qui nous le font croire et espérer.

1° Possessions actuelles. — Signification de ce terme.

Il faut avouer que pareille expression ne devait pas faire question entre les parties contractantes. Elle n'est ni obscure ni ambiguë. Elle est claire et précise. Elle ne saurait avoir d'autre signification que celle de possessions existant au moment où l'on parlait.

Les simples lumières du bon sens trouveront tout aussi bien et aussi vite que la science des jurisconsultes que, « lorsque les mots employés ont un sens précis et déter- « miné d'après l'usage commun, on doit admettre que les « parties ont employé ces mots dans leur sens usuel» .

« Qu'il n'est pas permis d'interpréter ce qui n'a pas « besoin d'interprétation. — Quand un acte est conçu en « termes clairs et précis, quand le sens en est manifeste et « ne conduit à rien d'absurde, on n'a aucune raison de se « refuser au sens que cet acte présente naturellement (1).»

Cependant les Dominicains contestent. Il leur a semblé même que l'équité naturelle serait blessée, s'ils devaient reconnaître l'engagement dans le sens naturel de ses termes.

Or, peut-on dire sérieusement que l'article 4 du traité tel que nous le comprenons, conduit à quelque chose d'absurde ou de contraire à l'équité naturelle?

Certainement non.

Un pays jusque-là uni et tranquille est subitement déchiré par la guerre civile. La révolution donne naissance à deux grands partis séparés, soutenant leurs prétentions les armes à la main. Le temps fait son œuvre. La séparation devient un fait accompli et accepté. Et on régularise les relations sur la base de l'*uti possidetis*.

Y a t-il là rien d'absurde?

Des prétentions opposées sont en présence. L'un des deux partis proclamant l'indivisibilité du territoire, veut que l'île entière continue à former la République d'Haïti. L'autre proclamant la séparation, veut que les limites du nouvel

---

(1) « Aller chercher ailleurs, continuons-nous de lire, des conjectures pour « le restreindre ou l'étendre, c'est vouloir l'éluder. Admettez une fois cette « dangereuse méthode, il n'est aucun acte qu'elle ne rende inutile. Que la « lumière brille dans toutes les dispositions de votre acte, qu'il soit conçu dans « les termes les plus précis et les plus clairs, tout cela vous sera inutile s'il est « permis de chercher des raisons étrangères pour soutenir qu'on ne peut le « prendre dans le sens qu'il présente naturellement. »

Etat séparé soient les mêmes que celles d'une époque antérieure à la naissance de l'un comme de l'autre Etat.

La force des armes est appelée à en décider. Chacun luttant pour réaliser le programme qu'il s'est tracé, s'efforce de gagner sur son adversaire le plus de terrain qu'il peut prendre et occuper. Mais finalement les deux se retrouvent également impuissants à remplir le *desideratum* de leurs Constitutions politiques, et, la guerre ne pouvant s'éterniser, on transige. On abandonne de part et d'autre ces prétentions qu'il n'a pas été possible de réaliser. Et l'existence indépendante des deux peuples est acceptée avec leurs territoires délimités selon l'*uti possidetis* du moment.

Y a t-il là rien de contraire à l'équité naturelle?

N'est-ce pas plutôt qu'il faut reconnaître que c'est ainsi que l'engagement contracté d'établir les lignes frontières qui séparent leurs possessions actuelles, l'a été de la manière la plus conforme à l'équité et aux intérêts réciproques des deux peuples? (1)

Que pouvait-il y avoir de plus juste et équitable que de laisser chaque population à la juridiction sous laquelle elle a librement voulu se ranger lors du conflit et à laquelle elle est toujours restée fidèle?

Que pouvait-il y avoir de plus conforme aux intérêts réciproques des deux peuples que de faire disparaître ce qui resterait non pas seulement comme le plus grand empêchement à un état de paix fructueux, mais comme une cause fatale de lutte à outrance, rouverte plus ou moins prochainement?

(1) Le traité de paix anéantit les prétentions réciproques; et en vertu du droit des gens volontaire, les conditions stipulées entre les deux contractants sont réputées également justes de part et d'autre, dit le baron de Chambrier d'Oleires cité par Vattel T. 3, p. 187, qui dit aussi : « l'état où les choses se trouvent au moment du traité doit passer pour légitime; et si l'on veut y apporter du changement, il faut que le traité en fasse une mention expresse. Par conséquent toutes les choses dont le traité ne dit rien doivent demeurer dans l'état où elles se trouvent lors de sa conclusion. » (IV § 21, III § 216.)

La Commission d'enquête américaine envoyée dans l'île en 1871, en vue de l'annexion négociée par le Gouvernement du Président Baez, terminait son rapport par ce qu'elle appelait les avantages qui en résulteraient pour les deux parties de l'île. Il va sans dire que le jugement d'une telle commission envoyée pour conclure à l'annexion ne pouvait être, en somme, que partial et intéressé. Mais en dépit de cela on y lit ces paroles :

« Un avantage secondaire, mais plus direct, résulterait « de l'établissement équitable d'une ligne de frontière entre « les populations de l'île qui parlent français et celles qui « parlent espagnol, dans le cas où l'intégrité en serait « garantie par une nation puissante. Ceci mettrait un « terme à cette guerre de frontière si désastreuse, qui a été « une des plus grandes calamités aussi bien pour Haïti « que pour Santo Domingo, et permettrait, dorénavant, « aux deux pays d'employer leur énergie à l'éducation de « leur population et au développement de leurs ressources. »

Et bien ! n'est-ce pas cet *établissement équitable* qui a eu lieu en 1874, par l'article 4 du traité, entre les populations de langue française et celles de langue espagnole?

Voici littéralement ce qui est écrit dans le texte même de la Convention d'arbitrage récemment conclue : « Article « 9 : ...le Gouvernement Dominicain, considérant que « Haïti a toujours occupé et peuplé le territoire en litige « depuis laps de temps et que la République Dominicaine « serait aujourd'hui dans l'impossibilité d'indemniser les « propriétaires haïtiens des biens situés et établis dans « ledit territoire, comme aussi elle se trouverait dans l'im- « posibilité de l'occuper et de le peupler de familles domi- « nicaines, s'oblige, etc. »

Cette déclaration, pour franche et spontanée qu'elle soit, n'a pas lieu d'étonner. La vérité reprend toujours ses droits. On aura souvent occasion de le constater : que des propres assertions de nos voisins se dégage continuellement l'évidence de ce que nous soutenons. — Voir encore et, entre autres, un commencement d'aveu que la suite de cet examen rend complet et qu'il n'est pas mauvais de consigner une fois.

Au plus chaud de leurs efforts contre le sens naturel de la clause, il est arrivé, en 1883, aux Plénipotentiaires dominicains de dire : « La phrase *possessions actuelles* est ce qui donne des apparences de fondement à l'interprétation haïtienne » (1).

C'est convenir au moins que l'interprétation haïtienne n'est pas tout à fait dénuée de raison ; qu'elle est plausible au moins. Or, à ce seul titre de forte présomption reconnue par la partie adverse, il y aurait suffisamment de quoi conclure, quand on sait d'ailleurs que, même en cas de doute, c'est plutôt le sens usuel des mots qui l'emporte : « Dans tous les cas d'amphibologie ou d'équivoque, les mots doivent, en général, être pris dans leur acception ordinaire, dans leur signification usuelle et non dans celle que leur donnent les savants, etc. » *Calvo* 1651.

2° Traité de 1867.

D'un autre traité antérieurement conclu entre les Parties, celui de 1867, nos voisins ont cru pouvoir tirer argument.

Ils reconnaissent bien et déclarent que le terme de possessions actuelles a le même sens dans l'article 7 dudit traité de 1867 que dans l'article 4 du traité de 1874.

---

(1) Protocole de la conférence du 29 mai 1883. Voir aussi ce que disait le *Mensajero* du 7 mars 1888, sur la « marge, l'occasion offertes à Haïti par les négociateurs dominicains..., la forme de l'article qui s'accommode à l'interprétation haïtienne », et d'autres paroles citées plus loin, page 60 et suiv.

Les Plénipotentiaires dominicains de 1883 eurent soin de supprimer le mot *actuelles* dans leur projet de revision, repoussé comme on sait.

Le Cabinet dominicain, dans ses notes au commencement des dernières négociations, n'a pas dit non plus *possessions actuelles* pour désigner le *statu quo* de 1856 qu'il proposait.

Mais ils en tirent, on ne sait comment, cette surprenante conclusion :

Même sens alors comme aujourd'hui, donc, alors comme aujourd'hui, *possessions actuelles* voulait dire celles qui avaient été obtenues jusqu'à la suspension des armes séparatistes en l'année 1856 tout au moins.

Voici comment ils le disent : « En el proyecto de con-« vencion del año 1867 se determinan, como los puntos « adaptables a la demarcacion de limites aquellos que res-« pectivamente comprendian el termino de las posesiones « actuales. Entonces, como hoy, no podian entenderse por « posesiones actuales, sino las que habian sido alcanzadas « hasta la suspencion de las armas separatistas en el año « 1856 cuando menos (1). Adoptados mas tarde (Tratado « del año 1874 articulo 4°) los mismos puntos, los de las « posesiones actuales, como base para el trazado de las « lineas fronterizas, etc. » (Memoria du ministre des Relations Extérieures. Exposé de la situation de la République Dominicaine en 1895.)

De ces déclarations, qui seront appréciées comme elles le méritent, nous ne devons retenir pour le moment que ceci : c'est que, pour le ministre dominicain, en 1867 comme en 1874, la signification du terme de possessions actuelles est la même (2).

---

(1) D'autre part, dans sa note du 22 mars adressée à la Légation haïtienne, le ministre dominicain dit aussi : « Insisto en proponer el trazado de una linea « provisional que pase por los puntos que ambos Estados ocupaban en el ano « 1856 ; los cuales puntos en ningun caso han de ser distintos á los ocupados « en el ano 1874. »

(2) Ce qui, pris en général, serait correct et conforme à la doctrine formulée, entre autres termes, comme suit : « On ne doit pas innover dans la signification des mots auxquels on a toujours donné un sens déterminé. » Et en cas d'équivoque ou d'obscurité : « Ces expressions équivoques ou obscures doivent être interprétées de manière qu'elles s'accordent avec les termes clairs et précis que l'auteur a employés soit dans le même acte, soit *en quelque autre occasion semblable* : en effet si celui qui s'est énoncé d'une manière obscure ou équivoque a parlé ailleurs plus clairement sur la même matière, il est le meilleur interprète de lui-même. » Voir Bello, règle 10.

Il est donc dit entre nous que ce que en 1867 signifiaient ces deux mots sera encore ce qu'ils signifiaient en 1874.

Eh bien ! voici le texte de 1867 :

« Art. 7. — Un traité spécial fixera ultérieurement la « démarcation des limites des deux Etats.

« En attendant, ils se maintiendront dans leurs pos- « sessions actuelles. »

Est-il clair, oui ou non, que cela veut dire : possessions existant au moment où l'on parlait ?

De l'identité de sens des deux mots dans les deux cas, nous pouvons passer maintenant à la différence des deux dispositions dans leur signification respective.

Il s'agissait, sans doute, de la même matière des possessions actuelles, mais pour consacrer, en 1874, une disposition différente de celle de 1867.

En 1867, on s'est promis de fixer ultérieurement la démarcation par un traité spécial ; et, en attendant, on s'est engagé à garder le *statu quo* des possessions existant au moment où l'on parlait. On ne déterminait d'avance aucune base de délimitation. On laissait toute chose à l'état provisoire.

En 1874, s'engageant à établir le tracé des frontières qui séparent les possessions actuelles, on a tout simplement promis de marquer par des signes visibles les possessions existant au moment où l'on parlait. Et cela encore sous la forme d'un traité spécial, comportant des détails et des désignations minutieuses et précises qui ne pouvaient pas entrer dans une convention aussi générale que celle de 1874. Mais l'état des possessions actuelles était définitivement accepté et acquis pour déterminer la frontière qui les sépare.

Nous ne voyons pas pourquoi les Parties ou l'une des Parties, voulant en 1874 conserver au *statu quo* énoncé le même caractère provisoire qui lui avait été donné en 1867, n'aurait pas tout uniment reproduit les termes de 1867 qui rendaient si clairement une telle pensée.

Est-il concevable qu'elles eussent bénévolement abandonné la formule propre et exacte qu'elles avaient sous la main, — qu'elles avaient elles-mêmes déjà employée, — pour en prendre une dans laquelle le sens usuel des mots va à l'encontre de cette intention qu'on veut, à toute force, leur attribuer ?

Comment ! Elles auraient abandonné cette formule si naturelle, pour en prendre une susceptible d'être tenue pour obscure et équivoque (1) !

Non, les négociateurs de 1874 savaient bien ce qu'ils faisaient. On peut s'en assurer par ce qui a eu lieu pour un autre article au même endroit du traité : voulant, comme de raison, conserver la disposition qui contient l'engagement de maintenir l'intégrité du territoire qu'elles se sont juré de n'aliéner en faveur d'aucune Puissance étrangère, elles ont reproduit à l'article 3 du second traité identiquement la même rédaction faite à cet effet en 1867, à l'article 5.

Même observation à faire sur l'article 10 du traité de 1867, reproduit dans les mêmes termes à l'article 13 de celui de 1874 pour le règlement des réclamations relatives aux biens immeubles confisqués en 1844.

On peut voir encore — mais par contre — comment procédèrent les plénipotentiaires dominicains de 1883. S'occupant de la revision du traité, ils voulurent faire reprendre à la clause le sens provisoire qu'elle avait en 1867, ils eurent soin de supprimer le mot *actuelles* et de parler ainsi dans leur projet : « En el interim i mientras se lleva à « cabo la demarcacion definitiva, ocuparan ambos pueblos

(1) Voir au chapitre de l'intention des parties, pages 59 et suivantes. — Le général Cocco, un des négociateurs dominicains, avait, en effet, proposé la même formule, peut-on dire, de 1867. Et elle ne fut pas acceptée.

« en las fronteras los mismos puntos que se hallaban en « poder de ellos en 1856. »

Jusqu'au préambule du traité de 1874 qui ne laisse pas d'indiquer les nouvelles dispositions où se trouvaient alors les parties : *Animées du désir*, y lit-on, *de mettre un terme à toutes les incertitudes de l'avenir, ont résolu de conclure un traité solennel de paix, etc.*, tandis que le traité de 1867 disait seulement, dans son préambule : *Ont résolu d'établir lss bases préliminaires d'un traité de paix, etc.*, et dans son article 12 : *L'échange des ratifications se fera à Port-au-Prince dans le délai de six mois, mais le traité définitif de paix devra être conclu six mois après ces ratifications, ou avant si faire se peut.*

Notre proposition n'a pas besoin d'être autrement démontrée : la rédaction nouvelle et différente de 1874 établit surabondamment que ce qui dominait alors, c'était l'idée, commune aux deux parties, de reconnaître, sans réserve et une fois pour toutes, les frontières selon l'occupation effective du moment, — sauf ensuite, dans un traité à part, à faire le nécessaire pour l'exécution détaillée de ce qui était d'ores et déjà convenu en principe.

3° Traité spécial a intervenir.

« Si l'article 4 avait entendu fixer les possessions « actuelles, la conclusion d'un traité spécial serait sura- « bondante et alors on n'aurait pas contracté une semblable « condition », dit la note du Ministre dominicain du 22 mars. *Idem Memoria* 1895.

A cela, le Gouvernement Haïtien n'éprouve aucun embarras pour répondre que le « traité spécial prévu au deuxième paragraphe de l'article 4 ne remet pas en question la base de l'*uti possidetis* de 1874 adoptée par le premier paragraphe et qui nous est acquise; que ce traité à intervenir ne vise que le règlement des questions de détail...»

Ce n'est pas, certes, la première fois qu'on aurait vu un engagement de négocier dans un traité spécial et sur des bases arrêtées à l'avance dans un premier traité.

Il en va particulièrement ainsi pour le règlement des frontières. Les traités de limites sont, de leur nature, des traités spéciaux.

Il coule de sens qu'une convention aussi générale que celle de 1874 ne pouvait pas spécifier, par le menu, l'opération du tracé; elle ne pouvait que poser les bases et renvoyer à une autre pour les détails d'une œuvre aussi minutieuse que celle d'une délimitation de frontières. C'est la suite obligée, le complément nécessaire de ce qui venait d'être arrêté en principe. Nous allons voir tout à l'heure qu'en réalité, c'est ainsi que le comprennent nos adversaires eux-mêmes.

Et cela se conçoit, insistons-nous. Le principe étant admis dans un traité général de paix, d'amitié, de commerce, de navigation, d'extradition, etc., il faudra bien donner encore le nom de traité à l'acte qui s'ensuivra pour convenir que, en exécution de l'accord préalablement fait, et sur la base déjà arrêtée, la ligne séparative passant par tels et tels points nommés et décrits, sera marquée par des bornes de telle et de telle espèce.

De délimitation effectuée au moyen de conventions successives les exemples ne manquent pas. C'est d'abord une ligne idéale indiquée *à priori* sur le papier; puis ensuite une décrite sur des données géographiques précises et correspondant à la configuration naturelle du pays.

Dans les traités de limites, les formules suivantes se retrouvent continuellement. Dans un premier instrument :

« Un tel et un tel, délégués à l'effet de préparer un accord « relatif à la délimitation des possessions, etc. »

Et ensuite dans un autre instrument distinct :

« Le Gouvernement de... et le Gouvernement de... « ayant résolu, dans un esprit de bonne entente mutuelle, « de donner force et vigueur à *l'accord préparé par leurs « délégués* respectifs pour la délimitation de... etc.»

Et pour ce traité d'Aranjuez lui-même, abandonné aujourd'hui, mais que pendant si longtemps on a persisté à vouloir rappeler à la vie, comment ont procédé les parties?

25 août 1773, Convention signée à Port-au-Prince entre Don José de Solano et M. de Vallière, qui fait commencer la limite au nord à la rivière de Massacre et la termine, au sud, à la rivière des Pédernales.

29 février 1776, autre convention signée à l'Atalaye pour la même limite, entre Don Solano et M. d'Ennery.

Le 28 août 1776, Don Joaquim Garcia et le Vicomte de Choiseul, commissaires (1) nommés à cet effet, signent au Cap-Haïtien la description des limites.

Enfin, le 3 juin 1777, Traité signé à Aranjuez.

Et n'y a-t-il pas un autre article de notre même instrument de 1874, l'article 13 (2), qui également pose un principe et renvoie à un traité spécial pour faire le nécessaire?

Nous avons en ce moment sous les yeux le texte du traité de limites qui vient d'être conclu entre le Paraguay et la Bolivie. Les deux premiers articles indiquent très positi-

(1) A remarquer que c'est ce même terme de Commissaires qui est employé à notre article 4.

(2) Art. 13. Les réclamations qui pourront être faites par l'un ou l'autre des deux Gouvernements en faveur de leurs nationaux, pour ce qui a trait à la restitution des biens immeubles qui pourraient exister sur le territoire de l'un ou de l'autre Etat, et qui, au moment de la scission de 1844 constituaient des propriétés individuelles, seront réglées par un traité spécial.

vement la ligne de division. Cependant l'article 3 est ainsi conçu : « Dans les douze mois comptés après l'échange des ratifications du présent traité, les parties contractantes nommeront des Commissaires, qui, d'un commun accord, fixeront la ligne précédemment stipulée. » L'article 4 prévoit l'arbitrage pour toutes les divergences qui pourraient se produire durant la démarcation.

Ces commissaires à nommer pour *fixer la ligne d'un commun accord*, comment pourront-ils arriver à cet accord si ce n'est au moyen d'entrevues et de conférences? Et comment s'appellera l'acte qui constatera le résultat de ces conférences? Dans quoi, disons-nous, pourront-ils consigner le commun accord, qui est requis, si ce n'est dans un instrument spécial à intervenir et dont l'objet aura été de *fixer la ligne* précédemment stipulée. Et pourquoi prévoir des divergences et un arbitrage, s'il n'y avait plus rien dont on eût à connaître après la désignation certaine de la ligne de division?

Autre exemple : Traité de Tananarive 1895. France et Madagascar. — « Article 7 et dernier. Il sera procédé, dans « le plus bref délai possible, à la délimitation des terri- « toires de Diego Suarez. La ligne de démarcation suivra, « autant que le permettra la configuration du terrain le « 12° 45 de latitude sud.»

Enfin en 1883, lors de l'essai de revision de notre traité, les Dominicains dans leurs propositions, indiquaient bien une ligne (provisoire ou non, peu importe pour la justesse du raisonnement), celle de 1856. Cependant ils renvoyaient à un arrangement spécial et ultérieur pour déterminer quels étaient les points de cette ligne.

Également, le Cabinet dominicain, dans sa note du 4 jauvier 1895, adressée à la Légation d'Haïti, répétait, après les Commissaires de 1883 : 1° La proposition d'un accord préliminaire où l'on conviendrait de prendre pour base « les possessions que les deux États occupaient respectivement dans l'année 1856 » ; s'engageant, en outre, les deux parties à « déterminer, dans le délai d'un an au plus tard (et au moyen d'un autre accord sans doute), quels ont été les points respectivement occupés en 1856 et la *ligne qui devra les joindre.*

Et « 2° continue la note, dans un accord complémentaire du précédent, il serait spécifié très clairement quels sont ou devront être les points par où devra passer la ligne définitive de la frontière, et aussi le mode, la forme et toutes conditions requises, dans lesquels elle devra être tracée, etc. ».

Il est visible que tous les hommes d'État dominicains, eux-mêmes, ont toujours parfaitement conçu l'idée et la convenance d'un premier traité ou accord qui fixe la base, et d'un second (et même troisième), complémentaire du premier, qui embrasse les détails.

Donc l'argument d'un traité spécial à intervenir ne prouve absolument rien pour la thèse dominicaine.

4° Le *statu quo* de 1856.

C'est l'objectif de toute l'argumentation dominicaine. Et c'est là notamment que l'erreur de nos voisins est frappante.

« Par possessions actuelles on doit entendre les pos-
« sessions qu'a fixées le *statu quo post bellum* en 1856. » (Textuel.)

Voilà la thèse impossible qu'ils ont entrepris de soutenir. On refuserait de le croire, si cela n'était dit, redit, répété dans les actes officiels comme dans la presse, et par-dessus le marché reproduit dans la convention d'arbitrage.

Comment le mot *actuelles*, écrit en 1874, peut vouloir dire un état de choses antérieur de dix-huit années, c'est ce qu'avec toute la bonne volonté du monde nous ne pourrons jamais comprendre.

Et en écartant même le mot *actuelles*, qui est certainement sans réplique, dans quel endroit de l'article 4 ou de n'importe quel autre article du traité a-t-on pu lire le chiffre de 1856?

Il faut bien le reconnaître, le *statu quo* de 1856 n'est pas du tout celui qu'a désigné le traité.

Le choix de cette date est absolument arbitraire. Et il le serait encore, alors même qu'en dépit de tout, on ne voudrait pas voir dans notre article la détermination positive de l'*uti possidetis* de 1874. Si ce n'est pas ceci, c'est encore beaucoup moins cela.

Dans le cours des temps, il nous a fallu redescendre juqu'en 1883 pour trouver, à l'occasion de cette discussion, la première mention de ce *statu quo* de 1856. Il fut dit alors que, pour stipuler définitivement sur les limites, il était nécessaire que les deux Etats revînssent à occuper les points frontières de cette époque-là.

Il est vrai que dans la pensée de ceux-là qui le demandaient, 1856 était alors indiqué, non pas tant par le traité de 1874, auquel ils n'avaient pas grandement égard puisqu'on était en train de le réformer, non pas tant par ce traité que par la raison et l'équité, disaient-ils.

Ils proposèrent de remplacer l'article par une nouvelle disposition ainsi conçue :

Art. 4 (devenu article 5) :

« Art. 5. — Les Hautes Parties contractantes s'engagent solennellement à établir dans le plus bref délai « possible et conformément au droit de chaque peuple, la « ligne frontière qui sépare les deux Etats. En attendant et « jusqu'à ce que soit menée à fin la démarcation définitive,

« les deux peuples occuperont sur la frontière les mêmes « points qui se trouvaient au pouvoir de chacun d'eux en « 1856, devant s'entendre que l'arrangement provisoire ne « préjudiciera le moindrement aux droits que chaque « peuple peut avoir sur quelque portion du territoire fron- « tière occupé actuellement ou provisoirement par l'autre.

« Les Gouvernements des deux Républiques devront « avoir déterminé, dans le délai d'un an au plus, quels « sont les points que les deux nations occupaient en 1856 « et la ligne qui doit les unir les uns aux autres ; devant « cet arrangement provisoire recevoir l'approbation des « pouvoirs compétents de chaque pays et aussi être publié « entièrement aussitôt que l'approbation aura été dûment « donnée.

« Un traité spécial déterminera en toute clarté les « points par où doit passer la ligne frontière définitive et « les mode, forme et conditions requises dans lesquels « elle devra être tracée, restant bien convenu, dès mainte- « nant, que s'il survenait un désaccord entre les deux « Gouvernements, il sera soumis à la décision définitive « d'un ou plusieurs arbitres nommés par les deux Gouver- « nements, après y avoir été dûment autorisés par l'auto- « rité compétente, suivant les lois en vigueur chez chacun « des deux Etats. »

Le ministre haïtien s'étant récrié contre cette façon de remettre en question un point décidé et acquis depuis 1874, les Dominicains soutinrent que *lorsqu'on revise un traité, tout dans ce traité peut être modifié selon la volonté des parties, à moins que d'avance on ne soit convenu des points qui seuls pourraient recevoir des modifications.* [Voir note du 16 avril 1883, des Plénipotentiaires dominicains au Ministre des Relations extérieures de Santo Domingo] (1).

(1) Voici, en outre, comment s'exprime le protocole de la conférence du 29 mai 1883 : « Mais, comme selon la théorie des plénipotentiaires dominicains

Que faut-il de plus pour renverser l'argumentation que, par inadvertance peut-être, nos voisins ont continué à nous opposer?

Premièrement, s'ils demandent de modifier l'article, c'est évidemment parce que le sens de cet article est contraire à leur manière de voir (1).

Eh quoi! Vous proposez d'introduire l'indication du *statu quo* de 1856. On vous le refuse. L'article reste dans les mêmes termes qu'auparavant. Et vous prétendez tout de même, et comme si le changement dans votre sens avait eu lieu, que 1856 était indiqué!

Et puis, en 1883, il s'agissait de reviser le traité, et la question des frontières comme toute autre, observiez-vous, pouvait être reprise en entier et modifiée selon la volonté des parties. Mais aujourd'hui il ne s'agit pas de revision, il s'agit d'exécution.

La tentative de revision n'ayant pas réussi, il n'y a qu'à s'en tenir à ce qui est écrit dans l'article. Aucun motif pris en dehors du texte ne peut valoir.

---

ce règlement provisoire doit impliquer, soit dans les termes, soit dans le fond, l'*abrogation complète* dudit article 4 et de ceux qui en découlent virtuellement, les parties ont été dans l'impossibilité absolue de s'entendre et ont dû à regret rompre les présentes conférences, comme elles les ont, en effet, rompues, après avoir toutefois revêtu de leurs signatures, etc. »

(1) Vainement, dira-t-on que M. Archin proposa aussi une rédaction. La rédaction Archin répétait les mêmes termes et le même sens de l'article, et cela à cause du commentaire qui venait de se produire si inattendument.

Par conséquent, c'était pour affirmer avec plus de force, s'il était besoin, la pensée de l'article et couper court à toute interprétation contraire. M. Archin le disait formellement dans sa note qui accompagnait sa proposition :

« Il est expressément convenu qu'aucune dérogation n'est faite « aux articles 4, 18 et 19 du traité, etc., et que les dispositions y contenues continuent à avoir entre les deux pays toute leur force et vigueur. »

Extrait du protocole du 16 avril 1883 :

« Y agregó (M. Archin) : 1° Que el texto propuesto por él no es otro que « el contenido en el articulo 4° del Tratado de 9 noviembre de 1874, al cual solo « habia agregado el modo como debia de llevarse á cabo la operacion material « de tirar las lineas separatistas de los dos Estados. »

Aussi serait-il oiseux, si nos contradicteurs n'y revenaient sans cesse, de s'arrêter à ce qu'ils prétendent donner comme justification du retour à l'année 1856.

C'est parce que ce fut alors, disent-ils, que prit fin l'état de guerre entre les deux pays.

De toutes façons, cette allégation est contraire à la vérité. Depuis la révolution de 1844, les deux pays ont été en guerre ouverte et déclarée.

Jusqu'à janvier 1859 la guerre a été active et soutenue.

C'étaient des hostilités incessantes entre postes avancés, des alternatives continuelles d'invasion et de retraite, des attaques par mer ou tentatives de descente d'un côté ou de l'autre.

En cette même année 1859, le Gouvernement du Président Geffrard, sous la médiation de la France et de l'Angleterre, concéda une trêve de cinq années.

Comment donc la paix pouvait-elle avoir été faite en 1856, quand encore trois ans après on signait seulement une trêve de cinq ans?

« El Dominicano », dans son numéro du 16 février 1856, s'exprimait ainsi :

« En la proclama dice Soulouque á los restos de su « destrozado ejercito que vayan á descanzar à sus hogares, y « aplaza para mas tarde la empresa de conquistar el pais. « Mientras tanto..... no depondremos las armas hasta ver « el enemigo reducido á la nulidad ; pues estamos penetrados « de la verdad que encierran aquellas memorables palabras « del imortal Napoleon III : « Para alcanzar la paz es pre- « ciso hacer la guerra. » Continuaremos la guerra, pues, « hasta ver establecida la paz. »

La « Collection des lois, décrets et résolutions » de la République Dominicaine contient, sous le n° 459, un décret du Pouvoir Exécutif qui ordonne de mettre en liberté les prisonniers haïtiens faits dans la dernière campagne :

« Désirant, dit le considérant, donner au monde une « marque de nos dispositions pacifiques et spécialement aux « magnanimes nations qui interposent leurs bons offices « dans *la guerre que nous fait* l'Empire Haïtien ; »

« Art. 3. — Les prisonniers détenus dans les provinces du Cibao, etc. »

Ce décret est du 14 avril 1857.

N° 507. Décret du Gouvernement provisoire appelant les Dominicains aux armes de l'âge de quinze à soixante ans. — 19 août 1857.

« Considérant qu'il est du devoir du Gouvernement de « veiller, par tous les moyens en son pouvoir, à la conser- « vation et sécurité de la République, en la préservant de la « tyrannie, de l'oppression et du joug ignominieux de ses « ennemis ;

« Considérant que l'invasion haïtienne est certaine « (imminente), que l'ennemi acharné d'Occident, avide de « vengeance et de sang, prétend venir s'emparer du sol sacré « de la Patrie, pareil à son prédécesseur Christophe, traî- « nant après soi l'incendie, le pillage, la dévastation et le « massacre ;

« Considérant que pour opposer la plus ferme et vigou- « reuse défense et sauver la Patrie de l'imminent danger « qui la menace, la plus étroite union de ses enfants, de « même que leur loyal et franc concours, est nécessaire ;

« A décrété et décrète :

« Article premier. — Tous les Dominicains, depuis « l'âge de quinze jusqu'à soixante ans, sont appelés à pren- « dre les armes pour la défense de la Patrie. »

N° 581. Résolution qui commue la peine de mort prononcée par la suprême Cour contre deux citoyens.

« Pedro Santana, etc.

« Attendu . . . .

« Attendu également que, à cause des nouvelles reçues « d'Haïti, il y a lieu, en ces moments, de se consacrer aux « réjouissances publiques par un acte de clémence digne « des Gouvernements généreux. . . . . »

Cet acte est daté du 12 janvier 1859 et se réfère à la chute de l'Empereur en Haïti.

En effet, l'Empereur Soulouque fut le chef d'Etat haïtien le plus persistant à vouloir refaire l'unité politique de l'île. Il n'eut jamais de rapports pacifiques avec les Dominicains, qu'il a toujours considérés comme des insurgés rebelles et qu'il n'a jamais perdu l'espoir de réduire. Tout ce que l'intervention des Consuls étrangers avait pu, avant et après 1856, obtenir de lui, c'était la promesse d'amnistier les insurgés, dès le moment où ils déposeraient les armes et se soumettraient au Gouvernement de l'Empire. Il ne fit pas autrement cas des démarches de ces Consuls, pas plus que de leurs menaces d'en appeler à leurs marines de guerre.

C'est ainsi qu'il entreprit la campagne de 1855-1856 en dépit des moyens d'intimidation employés par eux.

Et si une fois, en 1850, il consentit un armistice d'un mois seulement, et une autre fois d'un an, en 1851, c'était uniquement, quant à lui, pour laisser préparer la soumission des insurgés.

Un des moyens les plus puissants mis en avant pour gagner les populations à la révolution qui, le 25 janvier 1859, le renversa du pouvoir, fut de faire sonner bien haut aux oreilles du peuple que, tant que durerait l'Empire, les campagnes dans l'Est ne cesseraient pas. Ces campagnes de l'Empire, ou plutôt la façon de les faire, étaient devenues impopulaires.

Cependant l'idée de faire rentrer la partie de l'Est sous le même Gouvernement, sinon par la force, mais amiablement, n'en persista pas moins dans le programme politique haïtien. C'est ainsi que le Gouvernement du Président Geffrard, en 1859, n'avait consenti qu'une trève de cinq ans.

Les Dominicains disaient eux-mêmes que le Président Geffrard, d'une autre façon que Soulouque il est vrai, continuait la guerre contre eux. Et par hostilité contre les Haitiens ils se sont annexés à l'Espagne en 1861.

La pensée d'annexer la République porte le « Memoria » du Ministre des Relations extérieures dominicain de 1877, « solo ha venido á la mente de los anteriores Gobier-
« nos cuando sofocados por la permanente hostilidad haitíana
« habian perdido la esperanza de conservar la paz y tran-
« quilidad de la República y de impedir su aniquilamiento
« irremediable, no veian la salvacion del pais sino échan-
« dose en brazos de otrá macion poderosa. » « Gaceta de Santo-Domingo, » journal officiel du 7 avril 1877 (1).

L'annexion n'amena pas l'état de paix. Au contraire, elle arracha à Haïti un cri de guerre contre l'Espagne ellemême. *Voir la proclamation du Président Geffrard, en date du 18 avril 1861, adressée au Peuple et à l'Armée, précédée de la protestation du Gouvernement de la République contre l'annexion de Santo Domingo à l'Espagne, faite le 6 avril 1861, en violation de la trêve* (2).

---

(1)..... « desde 1844 à 1861. Los Dominicanos eran cada dia mas debiles y
« Haiti cada vez mas fuerte. Los Dominicanos odiaban cada dia con mas en-
« cono à los Haitianos y estos mostraban cada vez mas anhelo de dominar y sub-
« jugar á sus vecinos.

« Entonces bajo la penosa influencia de aquel peligro inevitable, los Domi-
« nicanos pensaron en un medio supremo, en un recurso extraordinario para
« salvarse del mal que les amenazaba, pensaron unir su suerte à la de un
« pueblo fuerte y capaz de garantizar su independencia de Haití. » Général de la Gandara, I p. 71.

Et d'une époque même postérieure, l'Officiel de Santo Domingo parle ainsi : « La Republica de Haiti con la cual permanecio Baez en guerra á
« causa de haber querido enajenar el pais á los Americanos »... « Gaceta de Santo-Domingo », 17 nevembre 1874.

(2) Les deux pièces se trouvent dans le livre du Général La Gandara, à l'Appendice du Tome I, p. 417 et suivantes.

Haiti ne céda que par l'effet de l'expédition Rubalcava contre elle à la suite de l'entreprise malheureuse du général Sanchez à laquelle elle avait grandement participé.

A la restauration de la République Dominicaine (1865), les deux Etats continuaient à se menacer par leurs Institutions politiques.

La Constitution d'Haiti ne compta plus l'île entière pour son territoire qu'en 1867, époque de la conclusion du premier traité, resté imparfait.

Quant aux Dominicains, ce n'est qu'en 1875 qu'en conséquence du traité conclu l'année précédente, ils effacèrent de leur Constitution de l'époque les limites du traité d'Aranjuez.

C'est ainsi que le Président Domingue, en présentant le traité de 1874 à l'Assemblée nationale d'Haiti, a pu commencer ainsi son discours: « Après trente années d'hostilités « regrettables entre la partie de l'Est de l'île et nous, il « était réservé au Président Gonzalez et à moi de *rétablir « la paix* et la fusion entre la République d'Haïti et la « République Dominicaine ». Le « Moniteur », journal officiel d'Haïti, du 23 janvier 1875.

Le Président Gonzalez, de son côté, dans son Message du 3 juin 1875 adressé au Congrès, appelle le traité « esa « solennel reconciliacion tan deseada por ambos Estados ». « Gaceta » du 16 juin 1895.

Et maintenant, sous le rapport de la doctrine, nos voisins sans doute sérieusement disposés à se conformer « aux « principes du droit des gens », voudront bien se rappeler l'opinion des jurisconsultes, résumée dans ces passages, entre autres, que nous citons à cause de leur netteté et de leur précision : « ..... il est nécessaire d'établir sans « équivoque le terme légal de la guerre pour déterminer « quand elle cesse légalement par application du droit de « guerre et quand dès lors commence l'application du droit

« de paix, et nous pensons que le seul moyen de terminer « la guerre est de rétablir formellement les relations pacifi- « ques entre les belligérants, ce qui ne peut avoir lieu que « par la stipulation formelle d'un traité de paix. La cessa- « tion des hostilités ne peut pas suffire, d'après nous, à ter- « miner la guerre, pas même lorsqu'elle est la conséquence « d'un armistice général arrêté pour conclure la paix. « En effet, l'armistice suspend seulement les opérations de « guerre, mais ne termine pas la guerre. » Fiore 1693.

« La tregua ó armisticio no suspende el estado de « guerra, sino solo sus efectos.

« La violacion de la tregua por uno de los contractan- « tes autoriza al otra para renovar las hostilidades.

« Si una plaza ó provincia es abandonada verdadera- « mente por el enemigo, su ocupacion no quebranta la « tregua. — Espirando el término del armisticio, se renue- « van las hostilidades sin necesidad de declaracíon. » Bello, p. 285 et suiv.

Nous pouvons avec la même facilité, — et toujours subsidiairement, — montrer que c'est également contraire à la vérité des faits, ce que prétendent les Dominicains sur les positions de 1856.

L'armée haïtienne (1), repoussée le 22 décembre 1855 à Santomé et Cambronal, deux cantons dominicains situés tout près des frontières du Sud, rentra dans ses lignes. Mais, avant la fin du mois, l'Empereur s'était mis en mesure de reprendre l'offensive. Le 30, longeant la frontière, il marchait vers le Nord dans la direction de Ouanaminthe où il alla établir son quartier général.

L'armée haïtienne entra de nouveau sur le territoire ennemi où fut livrée la bataille de *Savana larga*, 24 janvier 1856.

(1) Ici, comme dans tout le cours de cette discussion, nous consentons à nous servir plutôt de la version dominicaine, afin qu'il ne soit pas dit que nous puisons nos moyens dans nos propres écrits.

Minées par les mêmes causes de démoralisation, les troupes haïtiennes se débandèrent encore et furent poursuivies jusqu'à ce qu'elles eussent atteint Dajabon (1)...

« Quedó el campo sembrado de cadáveres, desde « Sabana larga hasta la ceja de Guajaba, próximo à Daja- « bon... A las cuatro de la tarde cesó el fuego, y ya queda- « ban ellos en sus limites.

« El general Valerio, valiente como su espada, se ha « comportado de un modo admirable, pues el iba siempre « delante matando haitianos, hasta que los dejó en Daja- « bon. » Rapport du commandant supérieur militaire de la province de Santiago au Ministre de la guerre, 27 janvier 1856.

Du côté du Sud, et précisément à l'endroit que vise le litige actuel, la ligne haïtienne était restée entière, au point que les Dominicains y effectuèrent une rapide incursion en vue de brûler et saccager deux points importants de cette ligne. Ce qu'ils firent, en effet, avant de se retirer. (Voir la relation qu'en a faite la *Gaceta de Gobierno* du 12 février 1856, rapportée *supra* p. 11, à la partie historique.)

Le détachement expéditionnaire dominicain, comme dit le rapport du général Santana, s'étant retiré, les Haitiens reprirent tout naturellement leurs positions, tout comme les Dominicains revenaient aux leurs, quand les Haïtiens, après avoir à leur tour, et beaucoup plus souvent, dévasté le pays ennemi, rentraient chez eux. C'était ce genre de guerre qui se faisait.

Et les garnisons haïtiennes continuèrent au fort de Cachiman comme au fort de Banica.

Le fait d'armes de février 1856, raconté avec tant de pompe, c'est assurément de la part des Dominicains le dernier de cette campagne, et bien certainement la dernière

(1) Dajabon est sur la rive droite — côté dominicain — de la rivière Massacre qui le sépare de Ouanaminthe.

fois qu'ils sont venus ainsi à Cachiman. C'est ce qu'attesterait suffisamment le silence même de leurs actes officiels, d'ordinaire si empressés à célébrer les moindres avantages.

Les Dominicains, beaucoup plus faibles que leurs adversaires, n'avaient pas les moyens de garder des positions d'où, par surprise ou à la faveur d'une panique, ils auraient momentanément délogé l'ennemi.

Leurs succès, que l'exaltation d'une victoire inespérée leur fait vanter outre mesure, ils les devaient en réalité à la très mauvaise administration et à l'impopularité des chefs haïtiens (1). Garder leurs lignes à Las Matas ou à très peu de distance de là, c'est tout ce qu'ils ont toujours pu faire.

Et puis, ce sont les possessions de l'ennemi que l'on brûle et saccage. Les siennes propres ou celles que l'on entend conserver, on les améliore, consolide et fortifie. Voilà donc une preuve de plus, s'il en était besoin, que Cachiman et Los Puertos en 1856 étaient restés aux mains des Haïtiens.

A peine est-il nécessaire de faire remarquer combien peu les affirmations contradictoires arrêtent nos voisins.

Ils contestaient, il n'y a pas longtemps, la possession même effective donnée par la force des armes. Ils argumentaient de l'occupation militaire qui, à elle seule, ne donne pas de droit. Et aujourd'hui, par cela qu'à un moment donné ils sont allés, racontent-ils eux-mêmes, brûler Cachiman et Los Puertos, que sur l'heure ils ont du reste abandonnés, ils prétendent qu'ils se sont donné le domaine de ces lieux !

On n'oubliera pas que dans cette guerre ouverte par la prise d'armes de 1844, c'est la République Dominicaine qui

---

(1) ... « Nosotros sabemos que una vez disparado el primer tiro, en las « fronteras, el trono de Soulouque bamboleara porque los republicanos de « Haiti asechan la hora de echarle por tierra. » *El Dominicano*, 8 décembre 1855.

prenait le rôle de conquérant. Elle s'était proposé, par *droit révolutionnaire*, de conquérir un territoire et des frontières sur sa métropole d'alors, la République d'Haïti, qui, elle, défendait un état de choses et des possessions acquis, consacrés par vingt-deux années déjà de gouvernement commun.

5° Intention des parties contractantes.

Puisque, n'admettant pas le sens clair et naturel des mots, l'Etat voisin veut absolument commenter et interpréter, c'est sans doute aux règles d'interprétation reconnues par le droit international qu'il devra demander de résoudre la difficulté.

Une de ces règles, principalement, est la recherche de l'intention des parties contractantes au moment de l'accord, car « l'interprétation légitime d'un acte ne doit tendre qu'à « découvrir la pensée commune des auteurs de cet acte ».

Nous avons déjà fait ressortir comment la pensée commune de ceux qui ont dressé le traité, — très visible assurément, — se déduit sans effort de la signification usuelle du mot employé pour exprimer l'idée principale de la clause, aussi bien que du rapprochement de l'article 7 du traité de 1867.

Nous pouvons ajouter ici que la même déduction se dégage de toutes les circonstances en général, lorsque, le 9 novembre 1874, les deux parties se sont mises d'accord pour contracter l'engagement.

Il était impossible qu'après avoir vu Santo Domingo opérer une première annexion, tenter et faire accepter une seconde à moins de dix ans de distance, les Haïtiens fussent tranquilles sur l'avenir et ne se préoccupassent pas d'un retour possible de pareil événement.

En dépit de la ferme conviction qu'ils avaient de leur

bon droit, ils ne pouvaient pas oublier la réclamation espagnole tentée en 1862, ni la tendance qu'a en général toute Grande Puissance, voisine limitrophe d'un Etat aussi petit qu'Haïti, à saisir le premier prétexte pour s'arrondir aux dépens du plus faible.

C'est qu'une fois de plus, en 1870, Santo Domingo se donnait aux Américains avec ses prétentions, — formellement énoncées, — aux limites de 1777.

Après les rigueurs espagnoles essuyées neuf années auparavant (expédition Rubalcava), on connaît les tribulations que valut à Haïti l'entreprise du Président Baez en cette année 1870 : un chargé d'affaires invitant officiellement le Gouvernement haïtien à ne pas se mêler de ce qui se passait à Santo Domingo, où pourtant il était question de céder des territoires faisant partie d'Haïti : — un officier de la marine fédérale, l'amiral Poor, lançant de très dures menaces à la face du Président de la République, au Palais National de Port-au-Prince (1) !

Les Haïtiens n'avaient donc rien plus à cœur que de faire consacrer, au moyen d'un engagement solennel, des dispositions qui garantissent, dès ce moment-là, la sûreté de leurs possessions.

D'autant plus que la récente tentative montrait qu'il ne suffisait plus, comme en 1867, de stipuler un *statu quo* provisoire, en attendant la délimitation à faire le plus prochainement possible : il fallait, une fois, trancher définitivement la question.

Pour être précis et ne laisser aucun doute sur sa pensée, Haïti modifiant sa Constitution, il y avait à peine trois mois, avait écrit en tête de sa nouvelle Charte (6 août 1874) les articles suivants :

« Art. 2. — Son territoire et les îles adjacentes qui en

(1) Voir page 18 la réponse très digne que fit le Président Nissage.

« dépendent sont inviolables et ne peuvent être aliénés par « aucun traité ou convention.

..... « Art. 3. — Le territoire de la République, *qui a pour limites frontières toutes les positions occupées actuellement par les Haïtiens*, est divisé en cinq départements, etc. »

A remarquer la similitude des termes employés ensuite à l'article 4 du traité (1).

La convention se fit donc sur le principe de *l'uti possidetis* actuel.

Il n'en pouvait être autrement.

C'était la condition *sine qua non* des Haïtiens.

Ils n'auraient pas pu ni voulu traiter sans cela.

Ils n'auraient pas consenti les lourds sacrifices d'argent stipulés à leur charge dans un autre article.

Ainsi là seulement, le motif qui a porté le contractant à signer, — qui seul a déterminé sa volonté, — la *raison du traité*, comme on dit, suffirait à donner le sens loyal de la clause.

Voilà pour les Haïtiens, nous dira-t-on. Mais les Dominicains?.....

Eh bien! il est également facile de reconnaître qu'ils ont été dans le même sens, ceux qui ont concouru à la rédaction de l'article.

D'abord ils savaient très bien avec qui ils traitaient. Ils ne pouvaient se méprendre sur la pensée de leurs cocontractants si ouvertement manifestée. Et ils consentirent la clause avec des mots dont le sens était d'accord avec

---

(1) En parlant ici et quelques lignes plus loin, des deux Constitutions politiques, nous n'avons pas la prétention d'aller chercher des dispositions de droit public interne pour les opposer tout bonnement à un Etat étranger. Il s'agit seulement de rechercher quelle était au moment du traité l'intention exprimée ou ostensible de l'une et de l'autre parties; quelle était la pensée qui les animait et qu'elles ne se cachaient pas.

cette pensée, et qui de plus étaient semblables aux termes employés dans la solennelle déclaration constitutionnelle faite exprès pour être bien connue de tous.

D'autant plus que la République Dominicaine — (c'était déjà connu) elle aussi, à cause du traité, — allait refaire sa Constitution et en faire disparaître la fiction territoriale qui n'était plus en harmonie avec les idées régnantes, c'est-à-dire le principe des possessions effectives, qui avait fini par prévaloir.

« Tal vez el orgullo de no extender nuestro derecho « territorial sino hasta donde habian llevado las armas « separatistas el victorioso exito de nuestra emancipacion « politica », dit très pompeusement le *Memoria* ministériel de 1895 : *(Peut-être l'orgueil de n'étendre notre droit territorial què jusqu'où les armes séparatistes avaient porté le victorieux succès de notre émancipation politique.)*

La vérité dans cela est que l'*uti possidetis* était ce qui dérivait de la nature des choses et ce qu'il y avait de plus équitable et conforme aux intérêts mutuels.

Les négociateurs dominicains de 1874, — il n'y a pas de doute possible, — étaient tombés d'accord avec ceux d'Haïti sur la rédaction et le sens de l'article 4.

Nous ne disons pas que, pendant ces conférences de 1874, ils n'ont jamais eu dans la pensée de tâcher d'imprimer encore au *statu quo* territorial un caratère provisoire, comme on l'avait fait en 1867, — ou bien de le fixer même à cette dite année de 1867.

En effet, au début des conférences, ils l'ont proposé ; mais rencontrant tout de suite le refus catégorique de leurs collègues, ils ont cédé et ont enfin consenti le *statu quo* du moment — 1874.

C'est à très bon escient et après délibération longue et

libre que le mot *actuelles* a été écrit et accepté de part et d'autre (1).

Nos mêmes contradicteurs le révèlent par leur critique amère de l'œuvre de leurs compatriotes (qui les contrarie énormément). Ils les accablent de reproches. Ils incriminent la pensée des principaux d'entre eux.

C'est de notoriété publique que le Président Gonzalez a été (à tort certainement) accusé par ses concitoyens d'avoir sacrifié pour de l'argent ce qu'ils appellent les droits territoriaux de la République Dominicaine.

On lit entre autres, et dès l'année 1877, dans le journal officiel dominicain, que l'instrument de 1874 en *hora infausta celebrado* a été un traité d'achat-vente, *tratado de compra-venta*. *(Gaceta de Santo Domingo,* numéros du 28 avril et du 9 juillet 1877.)

Dans un autre numéro (4 septembre 1877) :

« En medio de estas transacciones el Presidente Gon-
« zalez y sus sostenedores negociaban una suma igual de
« G. 150,000 con el Gobierno de Haití, ofreciendo á esto
« la celebracion de un tratado en que se comprometiá lá
« seguridad del territorio dominicano.

« Para realizar tan antipatriotico plan se promovió en
« la Camará legislativa de 1875 la reforma de la Consti-
« tucion, etc...

« Las partes contratantes, Domingue y Gonzalez, se

---

(1) Les Haïtiens, eux aussi, avant d'accepter l'article 12, avaient fait des difficultés. Au commencement ils n'en voulaient pas ; c'est après, et comme en compensation, qu'ils ont adhéré, mais d'abord avec le chiffre de 60,000 ou 75,000 gourdes, et en dernier lieu avec les 150,000 qui sont restées.

C'est d'ordinaire ainsi que des contractants opposés sur différents points, mais désireux de faire l'accord, se donnent enfin satisfaction réciproque en cédant celui-ci sur un point, celui-là sur un autre.

Nous avons, du reste, fait ressortir, *suprà* page 40, la différence de rédaction et de sens qu'il y a entre les instruments de 1867 et de 1874. Le premier, préliminaire et provisoire, en attendant un traité définitif de paix commun de limites ; le second, définitif sur l'un et l'autre points.

« reservaban en esa negociacion sacar cada uno particular- « mente las mayores ventajas posibles en el arreglo de des- « membrar el territorio dominicano para cederlo á Haití por « unos centenaros de pesos » : *(Au milieu de ces transactions le Président Gonzalez et ses souteneurs, négociaient une somme égale de G. 150.000 avec le Gouvernement d'Haïti, offrant à celui-ci la conclusion d'un traité où la sécurité du territoire dominicain était compromise. Pour réaliser un si antipatriotique plan, on poussa, dans la Chambre législative de 1875, à la réforme de la Constitution, etc. . . . . . Les parties contractantes, Domingue et Gonzalez, se promettaient, dans cette négociation, de tirer chacun particulièrement les plus grands avantages possibles d'un arrangement qui avait pour effet de démembrer le territoire dominicain et de le céder à Haïti pour quelques centaines de piastres* (1).

En 1888 et à l'occasion de l'anniversaire de la Séparation, tout un numéro du journal de Santo Domingo *El Mensajero*, fut spécialement employé à soutenir les prétentions dominicaines.

Sans nous arrêter aux invectives dont la pièce est remplie contre les Haïtiens, — signe certain d'indigence d'arguments, — nous signalons les passages suivants :

« Que, dans le traité de novembre 1874, engendré par « l'influence de la routine, les négociateurs dominicains ne

---

(1) A tous ces honorables personnages si injustement attaqués, nous demandons pardon d'en parler. Ils comprendront que c'est seulement pour mettre l'affaire dans tout son jour. Ils ont du reste cela de commun avec les Haïtiens, — nos compatriotes, — que, les uns et les autres, ils ont été souvent fort maltraités en paroles, par cela seul que leur pensée n'a pas été celle qu'on a voulu faire prévaloir malgré tout.

« C'est une observation, dit Joseph de Maistre, que je recommande à l'attention de tous les penseurs : La vérité en combattant l'erreur ne se fâche jamais... Mais... l'erreur n'est jamais de sang-froid en combattant la vérité. » Du Pape, p. 35.

« montrèrent aucune perspicacité politique, ni aucun tact diplomatique.

« ... Dans ledit document on négligea de faire les affir- « mations nécessaires des droits dominicains au domaine « de la frontière... Un tel silence offrit de la marge à « Haïti pour présumer qu'on consentait, en les confirmant, « à ses seigneuriales prétentions et pour les accroître de plus « en plus.

« ... Le peu de souci et le manque de tact politique « des Gouvernements dominicains dans l'étude et le manie- « ment d'une matière si délicate, a peut-être offert l'occa- « sion, avidement saisie par le dangereux voisin, de bâtir « une théorie commode pour justifier son occupation.

« Il n'y a pas de doute, et nous le confessons ingénu- « ment, que par sa forme vague l'article s'accommode à de « malignes réclamations de la part de Haïti dont les subtils « diplomates glissèrent la captieuse phrase (1) *(possessions « actuelles)* qui passa inaperçue par les nôtres peu enten- « dus en ruses diplomatiques. » *El Mensajero*, 7 Mars 1888.

Tout récemment, El « Eco de la Opinion » : Article « Santo Domingo et Haïti. Question de limites. » N° du 8 juin 1895 :

« Le Gouvernement qui surgit de la Révolution de « novembre 1873, — que ce fût par ignorance ou par ce désir « qui s'empare de tous les mandataires de conserver le pou- « voir, — eut à chercher des ressources pour se soutenir, et « par inadvertance peut-être, compromit les intérêts les « plus sacrés de la Patrie, nous léguant de sérieuses diffi- « cultés. »

« Le 25 mars 1874 fut décrétée la rescision du contrat»

(1) On se rappellera que les plénipotentiaires dominicains de 1883 avaient déjà dit : La phrase de *possessions actuelles* est celle qui a donné des apparences de fondement à l'interprétation haïtienne.— Conférence du 27 mai 1883.

fait avec une compagnie américaine dite de la Baie de Samana qui ne put pas payer l'annualité convenue.

« On pensa dès lors à une convention avec Haïti et « c'est une coïncidence assez curieuse et qui donne motif à « réfléchir que, une des clauses du traité conclu stipulait la « même somme de 150,000 gourdes annuelles que cette « République voisine doit payer à la nôtre durant huit « ans. »

Et après une citation d'articles de la Constitution dominicaine : « Sage mais inutile prévision, s'écrie l'auteur. « Bientôt nous démontrerons combien sont inefficaces les « généreux et nobles élans du patriotisme, quand le peu- « ple regarde avec indifférence ses droits foulés aux pieds « et abandonne le maniement de ses intérêts à des mains « inexpérimentées qui naturellement arrivent à les exposer « à des périls imminents.

« Cinq mois ne s'étaient pas écoulés depuis la presta- « tation de serment à la Constitution, quand le Président « Gonzalez convoqua une Convention pour en décréter une « nouvelle et sanctionner les traités qui pourraient avoir « été faits.

« ... Comme on le voit, le pacte fondamental se « modelait sur l'instrument diplomatique, et il ne pouvait « en être autrement, car on avait eu bien soin d'approuver « le traité dominico-haïtien avant de formuler la Constitu- « tion. »

N° du 15 juin :

« On dirait qu'un nuage épais obscurcissait le juge- « ment de tous les Dominicains qui intervinrent dans ce « traité, pour ne pas comprendre que l'article 4 donnerait « lieu à des dissidences et pouvait plus tard exposer les « intérêts du pays. On ne comprend pas non plus cette téna- « cité des membres de la Convention à le soutenir. Si on « n'avait pas des preuves du patriotisme tant des Plénipo- « tentiaires que des membres de l'Assemblée, la Patrie « indignée lancerait sur eux son éternel anathème.

« Et cependant un des membres de la Convention, — « Mariano Cestero(1) — voyait clairement le péril et pro- « nostiquait les difficultés de l'avenir. Cependant furent « inutiles ses observations, ses arguments, ses protesta- « tions, ses prières; seulement deux députés, Amable « Damiron et Joaquim Montolio, furent avec lui; la majo- « rité le vainquit et l'article fut approuvé.

« On se rappellera que l'article 7 du traité de 1867 « disait justement ce que le député Cestero désirait que dît « l'article 4 qu'on discutait alors : *Un traité spécial* fixera « etc., etc. *En attendant*, ils se maintiendront, etc.

« Nous sommes, et assurément tout le pays l'est aussi, « avec l'opinion raisonnée émise à cette époque par le « député Cestero » (2).

Le Ministre des Relations Extérieures de la République Dominicaine, dans son « Memoria » déposé au Congrès le 20 mars 1895, s'exprime ainsi :

Question dominico-haitienne. . . . .

« Ce fut alors que, peut-être dans une bonne intention, « mais sans les précautions qui devaient entourer de sem- « blables délibérations, se rétablirent les négociations rela- « tives au pacte de limites; et de là surgit le traité de 1874.

. . . « adoptés dans le traité de 1874 les mêmes

(1) M. Cestero interprétait l'article exactement comme nous le faisons. En en demandant la modification il disait et répétait que les plénipotentiaires dominicains en rédigeant l'article 4 n'auraient jamais dû, comme ils l'ont fait, accepter pour base la possession actuelle, *l'uti possidetis;* qu'ils auraient dû se rappeler le *statu quo* avant la guerre, lequel pouvait être celui de 1821 ou le *statu quo* de 1867 qu'il préfère, lui; que l'article 4 laissant garanties les possessions actuelles, résolvait définitivement la question des limites; consacrait la doctrine de *l'uti possidetis*. Ce qui n'arriverait pas si on eût dit simplement, comme il le proposait, les *frontières des deux Républiques*.

(2) Cette suite d'articles publiés dans le journal dominicain vient d'être mise en brochure. Pour les endroits cités, v. pages 71, 72, 73, 76,77,79 et 80 de la brochure..

« points, ceux des possessions actuelles, comme base pour « le traité des lignes frontières, la notable imprévoyance « des Plénipotentiaires dominicains fut de ne pas établir des « réserves qui ne laisseraient pas de place à une idée « pareille à celle de l'interprétation haitienne. »

Ce sont des aveux exprès, formels, en présence desquels nous demandons seulement la permission de faire une simple réflexion :

L'interprète légitime d'un acte, en vue de son exécution, est sans doute celui dont la manière de voir concorde le plus avec la pensée de ceux qui ont dressé cet acte.

Si donc vous désapprouvez et blâmez avec tant de rigueur les auteurs du traité, c'est que vous proclamez bien haut que le sens que vous voudriez faire prévaloir n'a pas été du tout celui que ces auteurs ont entendu donner à leur œuvre.

N'avions-nous pas raison de dire que des propres déclarations dominicaines découlerait la vérité de notre interprétation ?

6° Articles 18 et 19 du traité.

Le rapprochement de ces articles fournit un surcroît de lumière par la connexion qui existe entre eux et la clause à interpréter. Les voici :

« Art. 18. — Tout individu qui possède des propriétés, « soit urbaines ou rurales, coupées par la ligne frontière, est « tenu, dans le courant d'une année, à dater du jour où le « présent Traité sera ratifié, de déclarer par écrit, par devant le juge de paix de la commune la plus voisine dans le « pays qu'il a choisi, l'élection qu'il aura faite de son domi- « cile. Quant aux mineurs et autres personnes qui se trou-

« vent sous tutelle ou curatelle, les tuteurs ou curateurs « seront tenus de faire, au terme prescrit, la déclaration « nécessaire.

« Art. 19. — Si un individu quelconque, propriétaire « mixte, avait négligé, au bout du terme prescrit d'une « année, de faire la déclaration de son domicile civil, il sera « considéré, pour les effets civils, comme citoyen du pays « dans lequel il avait son dernier domicile, son silence, « dans ce cas, devant être considéré comme une déclaration « tacite. »

Il s'agit bien de la ligne définitive.

Car, pour savoir que sa propriété est coupée par la ligne frontière, il faut, de toute nécessité, connaître préalablement quelle est exactement cette ligne frontière ; et si un délai est déterminé pour les formalités nécessaires, c'est que la désignation de la ligne frontière était déjà positivement faite au jour qui est indiqué comme point de départ du délai imparti. Or, ce jour est celui de la ratification du traité de 1874.

Il est évident, redisons-nous, que si la ligne frontière n'était pas déjà connue en principe et comme telle définitivement admise dans sa généralité, — que si c'était, au contraire, le traité spécial à venir qui devait la déterminer en reprenant la question tout entière et comme si aucune base n'avait été déjà arrêtée, — le délai d'une année pour faire les déclarations aurait été fixé à partir de la ratification de ce traité spécial ultérieur et non pas du même traité de 1874, comme le porte l'article 18.

Et ce qui achève de le prouver, c'est qu'en 1883, alors qu'il était question de revision et que, arrivé à l'article 4, on convint de le réserver pour être discuté le dernier, les plénipotentiaires dominicains supprimèrent dans leur projet les articles 18 et 19, conséquemment au changement qu'ils voulaient faire subir aux dispositions du premier. En effet, les art. 18 et 19 n'étaient possibles qu'autant que la ligne frontière était définitivement fixée. Ils n'avaient pas de raison d'être avec un *statu quo* provisoire comme celui auquel voulaient revenir ces agents dominicains.

7° De quelques autres règles d'interprétation.

« Les négociateurs dominicains peu entendus en ruses « diplomatiques ne montrèrent ni perspicacité, ni tact poli- « tique dans ce traité engendré par la routine. » — « On « négligea de faire les affirmations nécessaires des droits « dominicains, etc., » disait le *Mensajero* en 1888.

Les mêmes négociateurs « mériteraient l'éternel anathème de la Patrie indignée, vient de dire l'*Eco de la Opinion*.

« La notable imprévoyance des Plénipotentiaires domi- « nicains fut de ne pas établir des réserves », écrit officiellement le Ministre des Relations extérieures de la République Dominicaine. *Memoria* 1895.

Eh bien! en ce cas, et toujours en concédant pour un moment la supposition d'un doute ou de quelque obscurité, voici encore les règles à appliquer :

Que « si celui qui pouvait et devait s'expliquer nette- « ment et pleinement ne l'a pas fait, c'est de sa faute : il ne « peut être reçu à apporter subséquemment des restrictions « qu'il n'a pas exprimées au moment de contracter. » *Bello*, p. 133.

« Lorsque celui qui s'oblige a eu le tort de ne pas « expliquer clairement son intention, il subit la responsa- « bilité de sa faute ou de sa négligence, à plus forte raison « les conséquences de sa mauvaise foi si celle-ci est évi- « dente. » *Calvo*, § 1652.

Ou bien par la distinction du *favorable* et de *l'odieux*, — pour mieux dire, de ce qui est conforme ou contraire à la justice.

« On doit mettre au nombre des choses odieuses tout « ce qui va à changer l'état présent des choses. Car le proprié- « taire ne peut perdre de son droit, que précisément autant « qu'il en cède ; et dans le doute, la présomption est en « faveur du possesseur. Il est moins contraire à l'équité de « ne pas rendre au propriétaire ce dont il a perdu la pos- « session par sa négligence, que de dépouiller le juste pro- « priétaire de ce qui lui appartient légitimement. L'inter- « prétation doit donc s'exposer plutôt au premier inconvé- « nient qu'au dernier. On peut rapporter encore ici la règle « que la cause de celui qui cherche à éviter une perte est « plus favorable que celle de celui qui demande à faire un « gain : *Incommoda vitantis melior, quam commoda pe-* « *tentis est causa.* V. Bello, p. 159, qui dit aussi : « 5° todo « lo que propende à inutilizar un pacto y hacer lo ilusorio, « os odioso. »

« Ce qui va à rendre un acte nul et sans effet, soit « dans sa totalité, soit en partie, et par conséquent *tout ce* « *qui apporte quelque changement aux choses déjà arrê-* « *tées*, est odieux. Car les hommes traitent ensemble pour « leur utilité commune ; et si j'ai quelque avantage acquis « par un contrat légitime, je ne puis le perdre qu'en y « renonçant. Lors donc que je consens à de nouvelles clau- « ses, qui semblent y déroger, je ne puis perdre de mon « droit qu'autant que j'en ai relâché bien clairement ; et par « conséquent, on doit prendre ces nouvelles clauses dans « le sens le plus étroit dont elles soient susceptibles, ce qui « est le cas des choses *odieuses*. Si ce qui peut rendre un « acte nul et sans effet est contenu dans l'acte même, il est « évident qu'on doit le prendre dans le sens le plus res- « serré et le plus propre à laisser subsister l'acte. »

Ces derniers mots répondent, du même coup, au passage suivant du *Memoria* ministériel du 20 mars 1895 :

« En su explicita disposicíon final está dícíendo el mismo « articulo 4° del tratado de 1874, que á su parte primera « no puede darsele las equivalencías de sentido juri- « dico pretendidas por Haití, etc. » Voir au surplus notre réfutation, page 41, au chapitre du traité spécial.

Ce qui revient à dire que s'il y avait vraiment à balancer entre la première et la dernière partie de l'article 4, c'est plutôt la première qui devrait l'emporter.

Mais on a déjà vu que le traité spécial à intervenir n'est qu'une suite toute simple et naturelle de la base des possessions actuelles déjà arrêtée en principe.

RÉSUMÉ

Nous pouvons maintenant nous arrêter et attendre le Mémoire dominicain pour compléter nos explicatíons, — là où il y aura lieu, — après avoir toutefois résumé et conclu comme suit :

Que, dans l'article 4, le sens naturel et loyal du terme de *possessions actuelles* est bien celui de possessions existant au moment où l'on signait le traité ; que l'*uti possidetis* de 1874 est conforme au droit conventionnel des parties, l'étant également et à l'équité naturelle et aux intérêts réciproques des deux pays ;

Que la différence de texte dans les traités de 1867 et 1874, sur la même matière des possessions actuelles, indique la volonté non pas de convenir d'un *statu quo* provisoire comme en 1867, mais d'adopter enfin une fois et définitivement la ligne frontière existant en 1874 ;

Qu'un traité général ne pouvant pas comporter les détails minutieux, précis et nombreux de la description à faire des limites frontières, la stipulation d'un traité spécial s'explique, étant nécessaire pour réaliser et parfaire l'opération sur la base préalablement admise en principe ;

Que la désignation du *statu quo* de 1856 est absolument arbitraire, n'étant indiquée ni par la lettre, ni par l'esprit du traité, ni par aucun acte autre de l'époque ;

Que l'intention des négociateurs, conforme à notre sens, découle de toutes les circonstances du moment et se dégage, d'ailleurs, des déclarations dominicaines elles-mêmes ;

Que les articles 18 et 19, qui n'ont de raison d'être qu'autant que la ligne frontière est définitivement fixée, jettent la plus vive lumière sur la volonté bien arrêtée d'accepter pour définitives les frontières de 1874 ;

Qu'alors même, comme le prétendent nos adversaires (accusation certainement très injuste), que les négociateurs et plénipotentiaires auraient été imprévoyants, négligents, routiniers, sans perspicacité ni tact politique, et mériteraient l'anathème de leur pays « pour n'avoir pas fait des réserves », il est constant qu'Haïti en serait fort innocente et que, pour un tel motif ou tout autre, on ne peut être reçu à apporter subséquemment et tout seul des restrictions qu'on n'a pas exprimées en temps et lieu voulus ;

Qu'enfin, allant un instant jusqu'à supposer le cas douteux, la cause de l'Haïtien, qui défend ce qu'il a toujours possédé, restera toujours plus favorable que celle du Dominicain, qui demande à faire un gain sur ce qu'il n'a pas en sa possession ; l'interprétation qui va à changer l'état présent des choses est odieux, comme aussi celle qui tend à rendre un acte sans effet.

ANNEXES

ANNEXES

Dernières Notes diplomatiques sur l'article 4

(1894-1895)

LÉGATION
DE LA
RÉPUBLIQUE D'HAITI
A
SANTO DOMINGO

Nº 101
Livre Nº 2

Santo Domingo, 18 Décembre 1894.

MONSIEUR LE MINISTRE,

Les nouvelles déclarations faites, d'une part, dans le Message de Son Excellence le Président Heureaux et votre Mémoire du 27 février de cette année, d'autre part, dans la récente réponse de l'Assemblée Nationale d'Haïti à Son Excellence le Président Hyppolite, — déclarations parfaitement en harmonie avec la nature de nos relations qui se resserrent de plus en plus, — montrent avec éclat les bonnes dispositions de l'un et l'autre peuples pour arriver enfin au règlement définitif des questions pendantes entre eux.

Votre Mémoire, en effet, bien accueilli par le Congrès, dit : « Toute « démarche faite sur des bases d'équité et de mutuel respect aura des résultats « possibles pour le règlement des divers points qui depuis longtemps restent « pendants et attendent une solution définitive entre notre République et celle « d'Haïti. »

Son Excellence Monsieur Enrique Henriquez,
Ministre des Relations extérieures de la République Dominicaine.

Et le Message haïtien porte : « L'Assemblée renouvelle son vœu de l'an « dernier de voir reprendre avec activité et régler définitivement la question « des frontières, sans que rien d'irritant vienne troubler un accord dont toutes « les parties doivent tirer avantage. »

La confiance en cet heureux résultat, Monsieur le Ministre, de même que l'assurance de l'opportunité de ce règlement, est d'autant plus fondée que l'état de paix intérieure que l'un et l'autre Gouvernements ont réussi à affermir respectivement dans les deux Républiques leur donne le loisir d'y travailler avec calme et réflexion.

C'est dans cette pensée, Monsieur le Ministre, que mon Gouvernement m'a chargé de demander à celui de Votre Excellence la nomination des Commissaires qui, avec ceux d'Haïti, sont appelés, aux termes de l'article 4 du traité de 1874, à conclure le traité spécial du tracé des lignes frontières qui séparent les possessions actuelles des deux Républiques.

Si le Gouvernement de Votre Excellence avait quelques communications à nous faire sur les moyens pratiques qu'il y aurait lieu d'employer pour la plus facile réalisation de la tâche confiée aux Commissaires, je suis prêt à les recevoir et examiner avec vous, après communication, le cas échéant, à mon Gouvernement.

Je vous prie, en attendant, Monsieur le Ministre, d'agréer l'assurance réitérée de ma considération la plus distinguée.

Le Ministre d'Haïti,

Signé : Dr Jn-JOSEPH.

SECRETARIA DE ESTADO
RELACIONES EXTERIORES

N° 1
Libro B.

Santo Domingo, Enero 4 1895.

SEÑOR MINISTRO :

La nota, muy interesante, que Vuestra Excelencia se dignó dirigirme en fecha 18 de Diciembre del ano proximo anterior, marcada con el N° 101 y asentada en el libro N° 2 ; contiene, en esencia, el llamamiento cordial que, por su parte, hace suyo tambien el Gobierno Dominicano, respecto del de Vuestra Excelencia, para el arreglo de las cuestiones pendientes de solucion definitiva entre ambos Estados.

Pero, a fin de que la cordialidad y altas miras de justicia y de buen acuerdo que deben privar en el movimiento de franca y leal simpatia que aproxima a los dos pueblos limitrofes, resulte perfectamente inadaptable a

Excmo Señor Enviado Extraordinario y Ministro Plenipotenciario
de la República de Haití, en Santo-Domingo.

SECRÉTAIRERIE D'ÉTAT
RELATIONS EXTÉRIEURES

N° 1
Livre B

TRADUCTION

Santo Domingo, le 4 janvier 1895.

MONSIEUR LE MINISTRE,

La note très intéressante que Votre Excellence a bien voulu m'adresser à la date du 18 décembre de l'année expirée, sous le n° 101 et enregistrée dans le Livre n° 2, contient en essence l'appel cordial que, pour sa part, le Gouvernement Dominicain partage aussi, à l'égard de celui de Votre Excellence, pour le règlement des questions pendantes entre les deux Etats.

Mais afin que la cordialité et les hautes vues de justice et de bon accord qui doivent prévaloir dans le mouvement de franche et loyale sympathie qui rapproche les deux Peuples limitrophes ne prêtent à aucune appréciation équivoque, il convient de préciser dès maintenant quelles devront être les questions

Très Excellent Monsieur
l'Envoyé extraordinaire et Ministre Plénipotentiaire d'Haïti,
à Santo Domingo.

ninguna apreciacion equivoca, conviene precisar, desde luego, cuales habran de ser las cuestiones a las cuales se haya de acordar derecho de precedencia, en el orden de las diligencias diplomaticas que ocupen la atencion de ambos Gobiernos, y la de sus respectivos comisarios.

Contando con esa base de regular procedimiento, el Gobierno Dominicano declara al de Haïti, por el acreditado organo de Vuestra Excelencia, que esta dispuesto a constituir los Comisarios que deberan entenderse con los del Gobierno de Haïti, siempre que las disposiciones de aquel Gobierno amigo, se contraigan à la adopcion de los tres siguientes medios practicos.

1° La proposicion y aceptacion previa de un acuerdo preliminar mediante el cual se comprometan las dos Altas Partes contractantes, a establecer en el mas breve plazo posible, y de conformidad con el derecho que a cada pueblo asista, la linea fronteriza que separa el territorio de ambos Estados ; debiendo servir, como punto de partida para el trasado de la linea fronteriza provisoria, las posesiones que respectivamente ocupaban ambos Estados, en el año 1856 ; bajo la condicion de que este arreglo preliminar y provisorio no menoscabe, en forma alguna, los derechos que pueda tener cada uno de los dos Estados, sobre cualquiera porcion del territorio fronterizo.

En ese acuerdo prévio habra de constar, igualmente, la declaracion de que los Gobiernos de los dos Pueblos deberan tener determinado en el plazo de un año, a mas tardar, cuales fueron los puntos ocupados respectivamente en 1856, y la linea que debera unir a unos con otros, entre si ; debiendo este arreglo

---

auxquelles devra être accordée une priorité dans l'ordre des démarches diplomatiques qui occupent l'attention des deux Gouvernements et de ses Commissaires respectifs.

Comptant sur cette base de procédure régulière, le Gouvernement Dominicain déclare à celui d'Haïti, par l'organe accrédité de Votre Excellence, qu'il est disposé à nommer les Commissaires qui devront s'entendre avec ceux du Gouvernement d'Haïti, si ce Gouvernement ami est disposé à adopter les trois points suivants :

1° La proposition et l'acceptation préalable d'un accord préliminaire au moyen duquel se compromettront les deux hautes parties contractantes à établir, dans le plus bref délai possible, et conformément au droit qui appartient à chaque peuple, la ligne frontière qui sépare le territoire des deux Etats ; devant servir comme point de départ pour le tracé de la ligne frontière provisoire, les possessions que les deux Etats occupaient respectivement dans l'année 1856 ; sous la condition que cet arrangement préliminaire et provisoire ne préjudicie en aucune façon aux droits que peut avoir chacun des deux États sur quelque portion que ce soit du territoire de la frontière.

De cet accord préalable devra résulter également la déclaration que les Gouvernements des deux peuples devront avoir déterminé, dans le délai d'un an au plus tard, quels ont été les points qu'ils occupaient respectivement en 1856 et la ligne qui devra les joindre entre eux les uns aux autres ; devant cet arrangement provisoire, recevoir la sanction des pouvoirs constitutionnelle-

provisorio recibir la sancion de los Poderes constitucionalmente competentes, en ambos paises, y ser asi mismo publicado por completo, tan pronto como sobre el recaiga la debida aprobacion respectiva.

2° En un acuerdo complementario del precedente, que tambien sera sometido à igual aprobacion respectiva se determinara con toda claridad cuales son, o habran de ser, los puntos por donde debera pasar la definitiva linea fronteriza, y el modo, forma y requisitos con que debera ser trasada; conviniendose, tambien previamente, que si surjiere desacuerdo, a este respecto, entre los dos Gobiernos, se deferira su arreglo final al juicio de arbitros, nombrados con arreglo à los usos, à las leyes, y a las exigencias constitucionales de cada uno de los dos Paises.

3° Revision y reforma del tratado de 1874.

Si dentro de esa formula de tramitacion discreta, racional y practica, caben las buenas disposiciones del Gobierno de Vuestra Excelencia ; bien puede contarse, de antemano, con que por parte del de esta Republica, reinara siempre el mas vivo deseo de llegar a la solucion de justicia y de compensaciones reciprocas de que es garantia incontestable la misma naturalidad y facil ejecucion del procedimiento propuesto.

Y en esa esperanza, tengo a honra protextar, una vez mas à Vuestra Excelencia, los sentimientos de la distinguida consideracion personal con que soy de Vuestra Excelencia Mui obsecuente servidor.

Signé : Enrique Henriquez.

---

ment compétents dans chaque pays et être ainsi publié en entier aussitôt qu'il aura dûment reçu l'approbation respective.

2 Dans un accord complémentaire du précédent, qui sera également soumis à l'approbation respective des pouvoirs précités, il sera spécifié très clairement quels sont ou devront être les points par où devra passer la ligne définitive de la frontière et aussi le mode, la forme et conditions requises d'après ou dans lesquels elle devra être tracée ; en convenant aussi préalablement que s'il venait à surgir à cet égard un désaccord entre les deux Etats, le réglement final en sera déféré à un tribunal d'arbitres nommés suivant les usages, les lois et les exigences constitutionnelles de chacun des deux Pays.

3° Revision et réforme du traité de 1874.

Si ces dispositions discrètes, rationnelles et pratiques agréent au Gouvernement de Votre Excellence, on peut être d'avance assuré que de la part du Gouvernement Dominicain régnera toujours le plus vif désir d'arriver à une solution de justice et de compensations réciproques dont la garantie incontestable se trouve dans la nature même et la facile exécution du procédé proposé.

Et dans cette espérance, j'ai l'honneur d'assurer, une fois de plus, Votre Excellence des sentiments de la plus distinguée considération avec lesquels je suis, de Votre Excellence, le très obéissant serviteur.

Signé : Enrique Henriquez.

LÉGATION
DE LA
RÉPUBLIQUE D'HAITI
A
SANTO DOMINGO

N° 30
Livre N° 2

Santo Domingo, 4 Mars 1895.

MONSIEUR LE MINISTRE,

J'ai dû mettre sous les yeux de mon Gouvernement la note qu'au nom du sien Votre Excellence m'a adressée le 4 janvier dernier par suite de la demande que, le 18 décembre 1894, cette Légation a faite au Gouvernement Dominicain de nommer les Commissaires appelés avec ceux d'Haïti, et aux termes de l'article 4 du traité de 1874, à conclure le traité spécial du tracé des lignes frontières qui séparent les possessions actuelles des deux Républiques.

Et la réponse de mon Gouvernement est celle qui suit :

Il constate d'abord avec plaisir que la note de Votre Excellence débute par l'assurance que le Gouvernement Dominicain, pour sa part, fait également sien *(hace suyo tambien)* l'appel cordial que contient la demande haïtienne.

Ce témoignage réciproque de bonnes dispositions, je me plais à le redire, est un heureux présage du prochain accord auquel nous travaillons, sans doute, l'un et l'autre, sérieusement et loyalement.

Cependant, tout en vous déclarant disposé à nommer vos Commissaires, vous demandez qu'il soit préalablement adopté les trois points plus bas transcrits.

Le motif que vous en donnez, c'est pour que « la cordialité et les hautes vues de justice et de bon accord » qui animent « les deux peuples limitrophes » ne prêtent « à aucune interprétation équivoque ».

Ici, Monsieur le Ministre, et avant d'entrer dans l'examen de vos trois propositions, je vous prie de considérer que la nature même et la notoriété de l'objet qui nous occupe, la justice, comme vous dites, de ces hautes vues jointes à la nécessité indistinctement reconnue d'une prompte solution réclamée par les intérêts impérieux de l'une et de l'autre République, tout cela ne peut laisser place à aucune appréciation équivoque capable d'arrêter l'un ou l'autre Gouvernement dans l'accomplissement obligatoire de leur tâche utile, consciencieuse et équitable.

Son Excellence Monsieur Enrique Henriquez,
Ministre des Relations extérieures, Santo Domingo.

Car enfin, de quoi s'agit-il? N'est-ce pas simplement de mettre à exécution une convention conclue il y a vingt ans, c'est-à-dire longtemps avant l'avènement du Président Heureaux aussi bien que du Président Hyppolite, et depuis cette époque invariablement affirmée à Santo Domingo? N'est-ce pas, en effet, du traité de 1874 dont la reconnaissance et l'exécution précisément ont été constamment réclamées et exigées par tous les Gouvernements et Pouvoirs publics dominicains, l'un après l'autre, quels qu'ils fussent? Joint à cela que le patriotisme connu du Chef actuel de la République serait au besoin une réponse victorieuse à toute appréciation équivoque.

D'où il suit déjà que la voie la plus correcte en même temps que la plus simple et la plus naturelle dans laquelle peuvent et doivent marcher nos négociations, c'est celle qui commence par la nomination des Commissaires.

Nous allons encore le voir mieux par l'examen séparé des trois points que pour plus de méthode nous reproduisons et analysons successivement et comme suit :

« A adopter, écrit Votre Excellence :

« 1° La proposition et l'acceptation préalable d'un accord préliminaire au « moyen duquel se compromettront les deux Hautes Parties contractantes à « établir, dans le plus bref délai possible et conformément au droit qui appar- « tient à chaque peuple, la ligne frontière qui sépare le territoire des deux « Etats; devant servir comme point de départ pour le tracé de la ligne frontière « provisoire, les possessions que les deux Etats occupaient respectivement dans « l'année 1856, sous la condition que cet arrangement préliminaire et provi- « soire ne préjudicie en aucune façon aux droits que peut avoir chacun des « deux Etats sur quelque portion que ce soit du territoire de la frontière.

« De cet accord préalable devra résulter également la déclaration de ce que « les Gouvernements des deux Peuples devront avoir déterminé, dans le délai « d'un an au plus tard, quels ont été les points qu'ils occupaient respectivement « en 1856, et la ligne qui devra les joindre entre eux les uns aux autres; — « devant cet arrangement provisoire recevoir la sanction des Pouvoirs consti- « tutionnellement compétents dans chaque Pays et être ainsi publié en entier « aussitôt qu'il aura dûment reçu l'approbation respective. »

Or, Monsieur le Ministre, la proposition par laquelle commence ce paragraphe est tout simplement de convenir ce qui est déjà longtemps *convenu* entre les Parties, et *convenu* solennellement et formellement (art. 4, traité de 1874). Ce nouvel accord serait donc pour le moins inutile comme chose déjà consentie et sanctionnée en due forme.

Et il pourrait même faire croire à une sorte de caducité de la convention antérieure, puisque les deux Parties contractantes auraient jugé nécessaire de la renouveler.

Mais, outre cela, vous ajoutez ensuite — ce dont nous prenons acte et à quoi il nous faut répondre — que le Gouvernement Dominicain demande et propose que les possessions que les deux Etats occupaient respectivement dans l'année 1856 servent de base pour le tracé de la ligne frontière, idée d'ailleurs qu'a déjà émise plus d'une fois le Gouvernement Dominicain, s'appuyant, pour le faire, sur l'avis conforme du Congrès consulté.

Vous voudriez de plus donner un caractère préliminaire et provisoire au nouvel arrangement pour, dans le délai d'un an au plus tard, être déterminé quels ont été les points occupés respectivement en 1856 et la ligne qui devra les unir, etc.

Bien que, en fait, Monsieur le Ministre, la limite des territoires dont les deux Etats avaient la ferme possession en 1856 ou 1858 soit restée la même en définitive que celle qui existait au moment où était signé le traité de 1874, le Gouvernement Haïtien, dans tous les cas, pour l'honneur des principes et le respect dû à des stipulations librement, justement et valablement consenties, ne peut que maintenir sa manière de voir sur l'époque du ***statu quo*** convenu, c'est-à-dire l'***uti possidetis*** de 1874, qui est la juste formule, qui est la seule interprétation raisonnablement possible de l'engagement contracté.

En somme, revenir ainsi sur une chose déjà faite et en même temps changer les termes et conditions dans lesquels cette chose a été conclue, c'est, plus qu'implicitement modifier et abroger, au lieu de l'exécuter, le pacte existant entre nous et dont vous avez toujours été les plus attentifs à proclamer le caractère sacré.

Second point.

« 2°, dites-vous : Dans un accord complémentaire du précédent qui sera « également soumis à l'approbation respective des Pouvoirs précités, il sera « spécifié très clairement quels sont ou devront être les points par où devra « passer la ligne définitive de la frontière et aussi le mode, la forme et ***condi-*** « ***tions requises*** d'après ou dans lesquels elle devra être tracée ; en convenant « aussi préalablement que s'il venait à surgir à cet égard un désaccord entre « les deux Etats, le règlement final en sera déféré à un tribunal d'arbitres « nommés suivant les usages, les lois et les exigences constitutionnelles de « chacun des deux pays. »

Là encore, Monsieur le Ministre, le paragraphe commence par la proposition d'une chose déjà prévue et convenue ; car la matière en est précisément ce qui est déjà visé par le même article 4 comme devant constituer le mandat des commissaires.

Il n'y a donc aujourd'hui qu'à les nommer.

Il est vrai que vous ajoutez dans votre note une proposition d'arbitrage pour le cas de désaccord provenant des opérations de ces commissaires-là.

Je vous dirai là-dessus que le Gouvernement Haïtien a toujours pensé qu'un arbitrage international n'avait pas la chance d'aboutir à des résultats complets et satisfaisants, que Dominicains et Haïtiens étaient seuls aptes à faire une délimitation de leurs frontières, en se basant, comme le témoigne le traité, sur les faits de l'histoire, sur les possessions actuelles des deux Républiques, sur les vœux des populations. Et, selon toute apparence, ce n'aurait pas été par simple inadvertance que le traité a gardé le silence sur un arbitrage éventuel ; les Parties contractantes agissaient, on peut le croire, dans la pensée que les commissaires ne manqueraient pas, dans leurs opérations, de s'inspirer de l'intérêt bien entendu des deux pays et de se pénétrer donc de l'esprit de conciliation qu'il faut ; de façon qu'il ne leur semblait pas probable qu'il se produisît un désaccord capable de rendre nécessaire un appel à des tiers étrangers comme arbitres. Et, que dans tous les cas, la chose advenant, il serait toujours assez temps de pourvoir aux moyens de se mettre d'accord entre soi, les deux Parties, à n'en pas douter, restant toujours animées des meilleures intentions.

Quant au troisième numéro qui propose la « revision et réforme du traité de 1874 », je ne puis mieux faire, en vertu du principe d'égalité et de réciprocité, que de vous rappeler les propres termes du décret du Congrès national dominicain (avril 1881) qui a déclaré que « le traité ne pourra être revisé « avant qu'on lui rende l'hommage qui lui est dû et qu'on se reconnaisse « obligé au fidèle accomplissement des devoirs qu'il prescrit ».

A ces paroles, le Gouvernement Haïtien n'eut rien à objecter, pensant qu'en effet, ce n'est pas au moment d'exécuter et sans avoir encore aucunement rempli l'engagement contracté, qu'on peut parler de revision et de réforme. Ce n'est donc qu'après le règlement définitif des frontières que, s'il y a lieu, il pourrait être question de revision.

Au résumé, Monsieur le Ministre, votre note du 4 janvier remettant tout en question, dans ce qui fait l'objet de ces trois points, suppose et implique ou l'absence ou la caducité de toute convention antérieure sur la matière.

Or, le traité de 1874 est-il oui ou non encore en vigneur ?

Si oui, il n'y a qu'à l'exécuter.

Et l'article 4 de ce traité prescrit-il, oui ou non, la nomination des commissaires au plus tôt, pour la délimitation des frontières ?

Si encore oui, il n'y a qu'à les nommer.

Le Gouvernement d'Haïti demeure persuadé que le Gouvernement Dominicain, qui a déclaré s'associer à l'appel cordial contenu dans la demande haïtienne, n'hésitera pas à prendre en considération les amicales observations que je viens d'avoir l'honneur de lui transmettre, et que vous n'insisterez pas, Monsieur le Ministre, sur des propositions dont vous voudrez bien reconnaître l'incompatibilité avec les liens conventionnels existant.

Et, pour tous ces motifs, j'ai l'honneur de renouveler ici à Votre Excellence la demande que j'ai faite, au nom de mon Gouvernement, de la nomination des commissaires dominicains appelés avec ceux d'Haïti, et aux termes de l'article 4 du traité de 1874, à conclure le traité spécial du tracé des lignes frontières qui séparent les possessions actuelles des deux Républiques.

Je saisis cette occasion pour vous prier d'agréer, Monsieur le Ministre, l'assurance réitérée de ma considération la plus distinguée.

Le Ministre d'Haïti,

Signé : Dr Jn-Joseph.

P.-S. — Veuillez noter, Monsieur le Ministre, que la date d'aujourd'hui s'explique par la convenance que nous avons trouvée d'attendre quelques jours, en raison des complications de la question franco-dominicaine, heureusement aujourd'hui en bonne voie d'accord.

REPUBLICA DOMINICANA

MINISTERIO
DE
RELACIONES EXTERIORES

N° 29
Libro B.

Santo Domingo, Marzo 27 de 1895.

SENOR MINISTRO :

He llevado á la apreciacion de mi Gobierno la serie de reparos con que, en atenta nota oficial de fecha 4 de Marzo corriente, contesta Vuestra Excelencia los medios propuestos, en la mia del 4 de Enero ultimo, para el arreglo y fijacion de la linea fronteriza definitiva que debera demarcar los respectivos límites territoriales, pertenecientes á la República Dominicana y á la de Haïti.

Excmo Señor Dalbemar Jean-Joseph, E. Ex.
y Ministro plenipotenciario de Haïti, Ciudad.

RÉPUBLIQUE DOMINICAINE

MINISTÈRE
DES
RELATIONS EXTÉRIEURES

N° 29.
Livre B.

TRADUCTION

Santo Domingo, le 22 mars 1895.

Monsieur le Ministre,

J'ai soumis à l'appréciation de mon Gouvernement la série d'objections que, dans l'estimée note officielle en date du 4 mars courant, fait Votre Excellence, en réponse aux moyens proposés dans la mienne du 4 janvier dernier pour le règlement et fixation de la ligne frontière définitive qui devra séparer les respectives limites territoriales appartenant à la République Dominicaine et à celle d'Haïti.

Et c'est de cette appréciation que naissent les contre-objections que, en résumé, j'ai l'honneur de soumettre à Votre Excellence.

Le traité de 1874 est-il ou non en vigueur?

Y es de aquella apreciacion de donde surjen los contrareparos que en términos concretos, tengo à honra someter à Vuestra Excelencia.

¿ Esta ó no, vigente el tratado del 1874?

Ahi tiene Vuestra Excelencia una cuestion que el Gobierno de Haïti dilucida en sentido afirmativo, acaso con el sano interes de crearle fundamento legal a la inmediata nominacion de los Comisarios, que han de entender en el trazado definitivo de la línea, ó líneas fronterizas; pero ahi tiene no obstante Vuestra Excelencia una cuestion que el Gobierno Dominicano podria dilucidar en sentido negativo, amparandose victoriosamente, en el incumplimiento del mismo Tratado, con derivacion de directas responsabilidades, á cargo del Gobierno de Haïti; y ahi tienen, por último, ambos Gobiernos, una cuestion llamada à ser sustentada por el respectivo interés de opuestos criterios, y que, con mayor ó menor fundamento de razon, podria servir de pretesto á inutiles diferimentos, cada vez que se intentase aun con la leal buena fé que hoy se intenta, el llegar al arreglo definitivo de nuestros respectivos límites territoriales.

Por eso, precisamente, por excluir de las buenas disposiciones que hoy mueven al Gobierno Dominicano y al de Haïti, los consiguientes entorpecimientos que la discusion acerca de la vigencia del Tratado podria acarrear en perjuicio de posibles avenencias; y por considerar de su parte, vigente el Tratado, es por la que el Dominicano pide la revision de esa ley internacional, sujetandola de antemano à la adopcion de un *modus operandi* que, simultaneamente con la revision y sin ser incompatible con los objetivos de equidad y

---

Votre Excellence pose là une question que le Gouvernement d'Haïti résout affirmativement dans l'intérêt peut-être d'en faire le fondement légal de la nomination immédiate des Commissaires qui doivent s'occuper du tracé définitif de la ligne ou des lignes frontières; mais, nonobstant, Votre Excellence pose là une question que le Gouvernement Dominicain pourrait résoudre négativement, en se prévalant victorieusement de l'inaccomplissement du même traité, non sans responsabilité directe à la charge du Gouvernement d'Haïti; et voilà enfin pour les deux Gouvernements une question de nature à être entretenue au profit respectif d'opinions opposées et qui, avec plus ou moins de fondement raisonnable, pourrait servir de prétexte à d'inutiles controverses chaque fois qu'on essaie, même avec la loyale bonne foi qui existe aujourd'hui, d'arriver au règlement définitif de nos respectives limites territoriales.

C'est pourquoi, précisément, afin d'écarter des bonnes dispositions qui animent aujourd'hui le Gouvernement Dominicain et celui d'Haïti les obstacles que la discussion sur la validité du traité pourrait conséquemment entraîner au préjudice d'accords possibles, et parce que, de sa part, il considère le traité en vigueur, c'est pour cela que le Gouvernement Dominicain demande la revision de cette loi internationale, en la subordonnant d'avance à l'adoption d'un *modus operandi* qui, simultanément avec la revision et sans être incompatible avec les vues d'équité et d'intérêt réciproque que comportent la lettre et l'esprit de l'article 4 de ce traité, viendrait à être néanmoins l'objet

de interés reciproco que informan la letra y el espiritu del art. 4° de aquel Tratado, viniese á ser, no obstante, la obra de un acuerda especial, ó de un acomodamiento espreso, estraño á las clausulas del aludido Tratado.

El proposito de alcanzar faciles allanamientos, por un lado, y, por otro, la recta intencion de no establecer ficcion alguna que fuese enojosa al celo de ambos Gobiernos, tal como aconteceria con la hipótesis relativa á la vigencia de un Tratado que no ha recibido cabal ejecucion ni ha estado en observancia permanente, han sido el sincero proposito y la recta intencion que han privado en el ánimo de mi Gobierno, al adelantar la proposicion del primero de los medios que Vuesta Excelencia objeta, en nombre de su Gobierno, ó que este observa, por el digno organo de Vuestra Excelencia.

Por lo demas, de un modo ó de otro la proposicion de deferir á conocimiento y decision de arbitros el arreglo definitivo de limites, no es, no puede ser extraño á la comun necesidad de ambos Gobiernos, tanto menos en el sentido hipotetico en que esa proposicion ha sido avanzada, y cuando no es dudoso que, llegado el caso de proceder al arbitraje mi Gobierno disponga elejir el mismo arbitro que el de Haïti elija.

Y conste, Señor Ministro, que mi Gobierno, para dar testimonio de su cordial conducta y del deseo de facilitar una solucion moderadora de todo temperamento apasionado, no ha dejado nunca de reconocer por su parte la vigencia del Tratado; pero conste asi mismo, que prestandose su art. 4 a dos opuestas interpretaciones, mi Gobierno mantiene la que el ha sostenido, y que,

---

d'un accord spécial ou d'un accommodement exprès, en dehors des clauses du traité mentionné.

Le dessein d'arriver aisément à aplanir les difficultés, et, de part et d'autre, la droite intention de n'établir aucune fiction fâcheuse pour le zèle des deux Gouvernements, comme il arriverait avec l'hypothèse relative à la validité d'un traité qui n'a pas reçu d'exécution complète ni n'a été observé de façon permanente, tels ont été le dessein sincère et la droite intention qui ont prédominé dans l'esprit de mon Gouvernement pour lui faire avancer la proposition du premier des moyens contre lesquels Votre Excellence trouve à objecter au nom de son Gouvernement, ou celui-ci, par le digne organe de Votre Excellence.

Au demeurant, et d'une façon ou d'une autre, la proposition de déférer à la connaissance et décision d'arbitres le règlement définitif des limites n'est pas, ne peut pas être mal venue et contraire au commun besoin des deux Gouvernements, d'autant moins dans le sens hypothétique où cette proposition a été présentée, et quand il n'est pas douteux que, advenant le cas de procéder à l'arbitrage, mon Gouvernement a décidé de choisir le même arbitre qu'aura choisi celui d'Haïti.

Et il est constant, Monsieur le Ministre, que mon Gouvernement, pour donner un témoignage de sa conduite cordiale et de son désir de faciliter une solution exempte de tout caractère passionné, n'a jamais manqué de reconnaître, pour sa part, la validité du traité; mais il est également constant que

por tanto, en vez de creer que dicho articulo reconoce como limite del territorio haitiano los puntos ocupados por Haiti en el año 1874, cree tan solo y de ello esta firmamente convencido que lo que prescribe, determina y consacra de un modo inequivoco aquel art. 4, es la obligacion de nombrar Comisarios que, con sujecion a la equidad mas estricta y al reciproco interés de los dos Estados, fijen los puntos que deban servir para el trazado de los limites definitivos.

De la propiedad de esta ultima interpretacion responde la declaracion contenida en la misma ley internacional y en la cual se establece que la fijacion de limites definitivos sera objeto de un tratado especial.

Advierta Vuestra Excelencia que si las posesiones actuales hubieran servido o pudieran servir para constituir puntos irrectificables en el trazado de los limites, es claro que superabundaria la celebracion del tratado especial y que entónces no se hubiera pactado semejante condicion.

Acojido á ese modo de apreciar el espiritu del art. 4º y conservandolo o no como pauta de la respectiva conducta de los dos Gobiernos ; el mio ha querido elejir y proponer terminos apropiados para allanar la via del arreglo definitivo de limites.

Afirmado en tan leal deseo insiste en proponer al de Vuestra Excelencia el trazado de una linea provisional que pase por los puntos que ambos Estados ocupaban en el año 1856 ; los cuales puntos en ningun caso han de ser distintos à los ocupados en el año 1874 por no mediar, de una fecha à la otra ningun acto publico de caracter internacional, suficiente en derecho, y que

---

son article 4 prêtant à deux interprétations opposées, mon Gouvernement *maintient celle qu'il a soutenue*, et que partant, au lieu de croire que ledit article reconnaît comme limites du territoire haïtien les points occupés par Haïti dans l'année 1874, il croit seulement — et de cela il est fermement convaincu, — que ce que prescrit, détermine et consacre sans équivoque cet article 4, c'est l'obligation de nommer des commissaires qui, selon l'équité la plus stricte et le réciproque intérêt des deux Etats, fixeront les points qui doivent servir pour le tracé des limites définitives.

Du sens propre de cette dernière interprétation fait foi la déclaration contenue dans la même loi internationale et dans laquelle il est établi que la fixation de limites définitives sera l'objet d'un traité spécial.

Que Votre Excellence veuille remarquer que si les possessions actuelles avaient servi ou pouvaient servir à constituer des points irrectificables dans le tracé des limites, il est clair que la conclusion du traité spécial serait surabondante et qu'alors on n'aurait pas contracté une semblable condition.

Conformément à cette manière d'apprécier l'esprit de l'article 4 et soit qu'on la conserve ou non comme règle de la conduite respective des deux Gouvernements, le mien a voulu choisir et proposer des moyens propres à aplanir la voie du règlement définitif des limites.

Fort d'un si loyal désir, il insiste à proposer à celui de Votre Excellence le tracé d'une ligne provisoire qui passe par les points que les deux Etats occupaient dans l'année 1856, lesquels points, en aucun cas, ne doivent être diffé-

hubiese modificado la situacion respectiva, en cuanto a la ocupacion legitima de sus territorios.

Si este *modus operandi* sigue siendo objeto de los reparos, formulados por Vuestra Excelencia en su atenta comunicacion oficial del 4 de Mayo corriente, no quedaria, con todo ello, excluida la hipotesis del juicio arbitral que de mi parte elevo à la categoria de proposicion confirmada.

He de confirmarla y la confirmo en efecto, por que aun ateniendonos en exclusivo a la vigencia del Tratado, quedaria sin suceso posible la accion de los comisarios respectivos, hasta tanto que la decision de los arbitros que se elijan no viniera a decir cual de las dos interpretaciones divergentes dadas al art. 4, es la mas conforme con el concepto de lo justo.

Y aun para el caso de que se adoptase este ultimo medio, quiero consignar de antemano, Señor Ministre, una salvedad que es indeclinable para mi Gobierno.

Es esta : podria acontecer que los arbitros designados por ambas partes sin dejar de reconocer a la Republica Dominicana derechos anteriores sobre determinados puntos fronterizos ocupados por Haiti en el 74, reconezcan, sin embargo, la convenencia de que Haiti continue poseyendolos, ya por fuerza de la interpretacion que alcancen al art. 4e del dicho Tratado, ya por calquiera otra causa.

Si asi resultare, convengamos desde ahora, en que los arbitros determinaran la indemnizacion proporcional a que haya lugar en favor de la Repu-

---

rents de ceux occupés dans l'année 1874, en ce que d'une date à l'autre, n'est intervenu aucun acte public de caractère international, suffisant en droit, et qui eût modifié la situation respective, quant à l'occupation légitime de leurs territoires.

Si ce *modus operandi* continue à être l'objet des objections formulées par Votre Excellence dans son estimée communication officielle du 4 mars courant, ne resterait pas pour cela écartée l'hypothèse du jugement arbitral que, de ma part, j'élève à la catégorie de proposition confirmée.

Je dois la confirmer et je la confirme en effet, parce que même en nous en tenant exclusivement à la validité du traité, l'action des Commissaires respectifs serait sans succès possible, tout autant que la décision des arbitres choisis ne viendrait pas dire laquelle des deux interprétations divergentes données à l'article 4 est la plus conforme au principe de justice.

Et même pour le cas où serait adopté ce dernier moyen, je veux consigner d'avance, Monsieur le Ministre, une réserve qui est indéclinable pour mon Gouvernement.

C'est celle-ci : Il pourrait arriver que les arbitres désignés par les deux parties, tout en reconnaissant à la République Dominicaine des droits antérieurs sur des points frontières déterminées, occupés par Haïti en 1874, reconnussent cependant la convenance qu'Haïti continue à les posséder, soit par la force de l'interprétation qu'on aura faite de l'article 4 dudit traité, soit par tout autre motif ; au cas où il en serait ainsi, convenons dès maintenant que les

blica Dominicana, quedando de ese modo cubierta cualquiera responsabilidad o cargo imputable a ambos Gobiernos.

Sin separarse, pues, el Gobierno Dominicano de las contra objeciones y de los asentimientos condicionales aqui anotados, me encarga declarar al de Vuestra Excelencia par su digno organo que, ya sea con adopcion de las proposiciones consignadas en mi nota oficial del 4 de Enero ultimo, ya sea con arreglo al Tratado del 1874, pero defiriendo, desde luego, a juicio de arbitros, las dos opuestas interpretaciones del art. 4 del mismo Tratado; esta dispuesto a entrar en el arreglo definitivo de los limites territoriales, y a proceder à la reforma de aquel Tratado o a la formal celebracion de uno nuevo, que realice de un modo mas perfecto las comunes aspiraciones de ambos pueblos.

Para buscarle acomodamiento breve a opuestos pareceres que sin afectar en el fondo los respectivos intereses territoriales pueden paralizar la marcha de una racional avenencia tengo encargo de invitar à Vuestra Excelencia a entrar en una serie de conferencias verbales y a traer a ellas el mismo alto espiritu de cordialidad que distingue el caracter franco y leal de las excelentes relaciones que cultivan entre si nuestros dos Gobiernos.

Saluda à Vuestra Excelencia Senor Ministro, muy atentamente.

Signé : Enrique Henriquez.

---

arbitres détermineront l'indemnité proportionnelle à laquelle il y aurait lieu en faveur de la République Dominicaine, restant de cette manière couverte toute responsabilité ou charge quelconque imputable à l'un et l'autre Gouvernements.

Sans renoncer donc aux contre-objections et aux assentiments conditionnels ici notés, le Gouvernement Dominicain me charge de déclarer à celui de Votre Excellence, par votre digne organe, que, soit par l'adoption des propositions consignées dans ma note officielle du 4 janvier dernier, soit en conformité du traité de 1874, mais en déférant dès lors au jugement d'arbitres les deux interprétations du même traité, il est disposé à entrer dans le règlement définitif des limites territoriales et à procéder à la réforme de ce traité ou à l formelle conclusion d'un nouveau, qui réalise d'une manière plus parfaite les communes aspirations des deux peuples.

Pour chercher un bref accommodement à des avis opposés qui, sans affecter au fond les intérêts territoriaux respectifs, peuvent paralyser la marche d'une entente raisonnable, je suis chargé d'inviter Votre Excellence à entrer dans une série de conférences verbales et à y apporter le même hau esprit de cordialité qui distingue le caractère franc et loyal des excellentes relations que cultivent entre eux nos deux Gouvernements.

Salue Votre Excellence, Monsieur le Ministre, très affectueusement,

Signé : Enrique Henriquez.

LÉGATION
DE LA
RÉPUBLIQUE D'HAITI
A
SANTO DOMINGO

N° 92
Livre N° 2

Santo Domingo, le 23 Mars 1895.

MONSIEUR LE MINISTRE,

Votre note du 22 mars courant, Livre B, n° 29, que je viens d'avoir l'honneur de recevoir — sur la question des limites — se terminant par une proposition de conférences verbales en vue de chercher les moyens les plus prompts d'accommodement possible, je dois attendre, pour répondre amplement à Votre Excellence, le résultat de ces entrevues que j'accepte volontiers et pour lesquelles je me tiens à vos ordres au jour que vous voudrez bien m'indiquer.

Je n'aurais peut-être qu'une déclaration à faire une fois ici, amenée qu'elle est par ce que dit Votre Excellence au commencement de sa note, sur la question de l'existence du traité. En effet, la loyauté et la bonne foi qui animent l'un et l'autre Gouvernements doivent écarter, — comme pense Votre Excellence, — ce qui pourrait servir d'aliment à d'inutiles controverses, tel que par exemple la charge d'une responsabilité que les deux parties se renverraient l'une à l'autre, touchant l'inaccomplissement du traité.

Au fait, le sentiment de mon Gouvernement est qu'il y a eu de part et d'autre commencement d'exécution et puis on s'est arrêté.

Si donc dans ma note du 4 du courant est venue se poser la question du traité, oui ou non, encore en vigueur, c'est seulement pour montrer que Haïti, qui là-dessus a plutôt déféré à l'opinion fortement exprimée du Gouvernement Dominicain *que le traité existe dans toute sa force et vigueur,* ne demande aujourd'hui que ce qui est la conséquence très simple et naturelle de la manière de voir du Gouvernement Dominicain lui-même.

Son Excellence
Monsieur Enrique Henriquez, Ministre des Relations Extérieures,
Santo Domingo.

Il n'y a pas lieu vraiment d'y insister ; il suffit que l'existence du traité soit reconnue de part et d'autre.

Je tiens à répéter à Votre Excellence que ce qui précède n'est que pour la convaincre des bonnes dispositions où elle me trouvera dans les conférences et négociations que nous poursuivons, pour arriver au plus vite à une parfaite entente.

J'ai l'honneur, Monsieur le Ministre, de renouveler à Votre Excellence les assurances empressées de ma considération la plus distinguée.

Le Ministre d'Haïti,

Signé : Dr Jn-JOSEPH.

LÉGATION
DE LA
RÉPUBLIQUE D'HAITI
A
SANTO DOMINGO

N° 59
Livre n° 2

Santo Domingo, le 1er mai 1895.

MONSIEUR LE MINISTRE,

Ma communication du 23 mars dernier, n° 44, tendait seulement à vous accuser réception de votre très importante note officielle du 22, même mois, n° 29, touchant notre question de frontières, me réservant d'y répondre amplement, après que je me serais trouvé en mesure de prendre les ordres de mon Gouvernement.

Cela ayant eu lieu, grâce au résultat des conférences verbales proposées dans votre même note et suivies, d'abord les 4 et 6 avril écoulé avec Votre Excellence et M. Tejera, et ensuite le 8 avec Son Excellence le Président Heureaux, j'ai l'honneur aujourd'hui de vous faire parvenir ma réponse.

Voyons d'abord l'état de la question :

D'une part, le Gouvernement haïtien pense et a toujours pensé que, par l'article 4 du traité de 1874, le principe de l'*uti possidetis* de 1874 est d'ores et déjà conventionnellement admis et consacré pour le tracé de nos lignes frontières; — qu'en effet, le terme de possessions actuelles, dans l'article 4, veut dire les possessions occupées à l'époque de la signature du traité.

D'autre part, le Gouvernement Dominicain donne au même article 4 une interprétation que votre dite note du 22 mars énonce en ces termes : « Il est « également constant que l'article 4 prêtant à deux interprétations opposées, « mon Gouvernement maintient celle qu'il a soutenue et que partant, au lieu « de croire que ledit article reconnaît comme limites du territoire haïtien les « points occupés par Haïti dans l'année 1874, il croit seulement—et de cela il est « fermement convaincu — que ce que prescrit, détermine et consacre sans « équivoque cet article 4, c'est l'obligation de nommer des Commissaires qui, « selon l'équité la plus stricte et le réciproque intérêt des deux Etats, fixeront

Son Excellence Monsieur Enrique Henriquez,
Ministre des Relations extérieures, Santo Domingo.

« les points qui doivent servir pour le tracé des limites frontières » ; — et selon laquelle, comme le disait déjà le Gouvernement Dominicain en 1883, on devait se fixer au *statu quo* de 1856 — « que por posesiones actuales se debe enten- « der las que fijo el *statu quo post bellum* en 1856, unicas que pueden tener « en su abono el *uti possidetis* a que puede razonable y equitativamente « referirse la mencionada clausula ».

C'est en raison de cette divergence d'opinion que vous insistez sur la convenance de déférer à l'arbitrage la détermination du sens de la clause si différemment interprétée, Votre Excellence déclarant au surplus que son Gouvernement était décidé à choisir le même arbitre qu'aura choisi celui d'Haïti.

Or, des conférences verbales ci-dessus mentionnées, il résulta bientôt que le Gouvernement Dominicain fit une nouvelle rédaction de la proposition d'arbitrage qu'il voulut bien me soumettre et laisser et que, pour la bonne règle, je consigne, avec la traduction en regard, ainsi qu'il suit :

8 avril 1895.

El Gobierno dominicano tiene necesidad de que sea resuelto arbitralmente la dificultad existente respecto de la interpretacion del sentido del articulo 4 del tratado de 1874. Asi conviené en que el arbitro ó arbitros decidan si el articulo 4 del tratado de 1874 tiene el sentido i da el derecho que le supone el Gobierno Haitiano, ó tiene el que le supone el Gobierno dominicano.

Resuelto el punto a favor de la nacion haitiana, el Gobierno Dominicano se obliga a trazar la linea fronteriza definitiva de modo que queden a favor de Haïti tadas los posesiones occupadas por este en el ano 1874.

En caso de que el arbitro ó los arbitros decidan la cuestion conforme con la interpretacion dada por el Gobierno Dominicano, entonces este, previa autorizacion de la nacion, se obliga a convenir con el Gobierno Haitiano el modo de que este quede en posesion i con perfecto derecho sobre el terreno que tenia occupado en 1874, mediante los compensaciones que en justicia deban concederse.

Le Gouvernement Dominicain a besoin que la difficulté existant à l'égard de l'interprétation du sens de l'article 4 du traité de 1874 soit arbitralement réglée. Ainsi il convient que l'arbitre ou les arbitres décident si l'article 4 du traité de 1874 a le sens et donne le droit que lui suppose le Gouvernement Haïtien ou celui que lui suppose le Gouvernement Dominicain.

Le point résolu en faveur de la nation haïtienne, le Gouvernement Dominicain s'oblige à tracer la ligne frontière définitive de manière que restent en faveur d'Haïti toutes les possessions occupées par elle dans l'année 1874.

En cas que l'arbitre ou les arbitres décident la question suivant l'interprétation donnée par le Gouvernement Dominicain, alors celui-ci avec l'autorisation préalable de la nation s'oblige à convenir avec le Gouvernement Haïtien du mode qui laisse Haïti en possession avec droit parfait du terrain qu'elle occupait en 1874, moyennant les compensations qui, en justice, doivent être concédées.

Si el Gobierno haitiano nombrare por sus arbitros al sume Pontifice, al Gobierno holandes ó al belga ó al Presidente de los Estados Unidos de America, el Gobierno dominicano se obliga a aceptarlos tambien como arbitros suyos.

Si le Gouvernement Haïtien nomme pour ses arbitres le Souverain Pontife, le Gouvernement hollandais ou le belge ou le Président des Etats-Unis d'Amérique, le Gouvernement Dominicain s'oblige à les accepter également pour les siens.

Dans cet état donc de la question où il est bien entendu que quelle que soit la décision arbitrale à intervenir les possessions territoriales actuelles restent telles qu'elles sont, sauf indemnité pécuniaire, s'il y a lieu, — en ce qu'en effet même au cas du 3e alinéa de la proposition du 8 avril, les compensations ainsi prévues, laissant les possessions comme elles se trouvaient occupées en 1874, ne pourraient être qu'en une indemnité pécuniaire, — dans cet état de la question, j'ai soumis les propositions de votre Gouvernement à l'appréciation du mien qui, alors, pour donner à la République Dominicaine une preuve de son vif désir de faciliter autant qu'il est en son pouvoir une solution satisfaisante et également honorable pour les deux parties, m'a invité à notifier au Gouvernement de Votre Excellence — sauf sanction législative — son adhésion à l'arbitrage proposé sur l'interprétation du sens de l'article 4 du traité de 1874, tel qu'il est formulé dans la proposition remise le 8 avril écoulé ci-dessus transcrite; comme aussi son empressement à accepter le premier nom qui s'est offert sur la liste du Gouvernement Dominicain pour le choix de l'arbitre, et qui est celui très vénéré du Très Saint-Père le Pape.

Votre Excellence aura donc pour agréable, par la note officielle qu'Elle voudra bien me faire parvenir en réponse, de confirmer l'arrangement auquel nous sommes ainsi heureusement arrivés, afin que suite y soit donnée dans les formes et de la manière que comporte le cas.

J'ai l'honneur, Monsieur le Ministre, de présenter à Votre Excellence l'assurance réitérée de mes sentiments de très haute et distinguée considération.

Le Ministre d'Haïti,

Signé : Dr Jn-JOSEPH.

REPUBLICA DOMICANA

MINISTERIO
de
RELACIONES EXTERIORES

Libro B.
Nº 42.

Santo Domingo, Mayo 6 de 1895.

SEÑOR MINISTRO :

Aun cuando todavia no puedo responder á todos los extremos contenidos en la atenta nota oficial que se ha dignado dirigirme Vuestra Excelencia en fecha 1º de Mayo corriente; por cuanto estan pendientes de estudio, en Consejo de Gobierno, los fines á que tiende la predicha nota oficial; me anticipo, sin

Excmo Señor Dalbémar Jean-Joseph,
Enviado Extraordinario y Ministro Plénipotenciario de Haïti. Ciudad.

TRADUCTION

RÉPUBLIQUE DOMINICAINE

MINISTÈRE
des
RELATIONS EXTÉRIEURES

Livre B.
Nº 42

Santo Domingo, le 6 mai 1896.

MONSIEUR LE MINISTRE,

Bien que je ne puisse pas encore répondre à tous les points contenus dans l'estimée note officielle que Votre Excellence a bien voulu m'adresser à la date du 1er mai courant, en ce que sont à l'étude, au Conseil de Gouvernement, les fins auxquelles tend la susdite note officielle, je m'avance cependant à vous dire

Son Excellence Monsieur Dalbémar Jean-Joseph,
Envoyé Extraordinaire et Ministre Plénipotentiaire d'Haïti. En ville.

embargo, á decirle que, convenido en principio por parte del Gobierno de Vuestra Excelencia el recurso de arbitrage, aprovecharé la primera ocasion del correo francés para dirigir, en nombre de mi Gobierno, al de la Santa Sede, respetuosa instancia, contraida à solicitar que, de parte del Sumo Pontifice sea aceptado el encargo de arbitrage que nuestros dos Gobiernos le encomendaran.

De lo dicho anteriormente puede Vuestra Excelencia deducir que las impresiones de mi Gobierno no han variado, y que ha faltado unicamente el tiempo necesario para formular los acuerdos correspondientes; de lo cual sera objeto una proxima comunicacion que tendré el gusto de dirigir à Vuestra Excelencia.

Le Saluda con sentimientos de distinguida consideracion.

Signé : Enrique Henriquez

---

que, étant convenu en principe par le Gouvernement de Votre Excellence le recours à l'arbitrage, je profiterai de la première occasion du courrier français pour adresser, au nom de mon Gouvernement, à celui du Saint-Siège, un respectueux office, ayant pour but de solliciter du Souverain Pontife qu'il veuille bien accepter la charge d'arbitre que nos deux Gouvernements entendent lui confier.

De ce qui a été dit antérieurement, Votre Excellence peut déduire que les dispositions de mon Gouvernement n'ont pas changé et qu'il lui a seulement manqué le temps nécessaire pour formuler sa pensée, ce qui fera l'objet d'une prochaine communication que j'aurai l'honneur d'adresser à Votre Excellence.

Vous salue avec des sentiments de considération distinguée.

Signé: Enrique Henriquez.

LÉGATION
de la
RÉPUBLIQUE D'HAITI
à
SANTO DOMINGO

N° 97
Livre N° 2.

Santo Domingo, le 27 juin 1895.

MONSIEUR LE MINISTRE,

Par votre intéressante dépêche du 6 mai dernier, Lib. B, n° 42, et par suite de la mienne du 1er du même mois, n° 59, vous avez bien voulu m'annoncer que par la première occasion votre Gouvernement allait écrire à celui du Saint-Siège à l'effet de prier le Souverain Pontife d'accepter la charge d'arbitre, tel qu'il a été préalablement convenu entre nos deux Gouvernements.

Vous avez ajouté que manquant uniquement du temps nécessaire pour le faire ce jour-là même, vous alliez prochainement m'adresser la communication que, au nom de votre Gouvernement, vous avez à me remettre, en vertu et accomplissement de l'accord fait, dont les conditions, proposées par le Gouvernement de Votre Excellence et acceptées ensuite par celui d'Haïti, se trouvent transcrites dans ma susdite dépêche du 1er mai, n° 59.

Je prie donc Votre Excellence de vouloir bien me faire tenir sa communication promise, contenant l'insertion desdites conditions fixées dans la note que j'ai eu l'honneur de recevoir du Gouvernement de Votre Excellence le 8 avril, présente année.

Veuillez, en attendant, Monsieur le Ministre, recevoir les nouvelles assurances de ma considération la plus haute et la plus distinguée.

Le Ministre d'Haïti,
Signé : Dr Jn-JOSEPH.

Son Excellence Monsieur Enrique Henriquez,
Ministre des Relations extérieures,
Santo Domingo.

REPUBLICA DOMINICANA

MINISTERIO
DE
RELACIONES EXTERIORES

Libro B
Nº 57

Santo Domingo, Julio 1º de 1895.

SEÑOR MINISTRO :

Confirmo hoy mi nota oficial del 6 de mayo ultimo, registrada en el Libro B., bajo el Nº 42, y me honro, a la vez, en responder a los fines de la muy atenta comunicacion que Vuestra Excelencia se ha dignado dirigirme, en 27 de junio proximo anterior, marcada con el nº 29 del Libro Nº 2.

En confirmacion de la mia puedo aseverar à Vuestra Excelencia que mi Gobierno ha occurido ya al Santo Padre Leon XIII, en solicitud de su aceptacion para que intervenga como Juez arbitro en las contestaciones relativas a nuestros respectivos limites fronterizos.

Exmo Señor Enviado Extraordinario
y Ministro Plenipotenciario de Haiti. Ciudad.

RÉPUBLIQUE DOMINICAINE

MINISTÈRE
DES
RELATIONS EXTÉRIEURES

Livre B
Nº 57

TRADUCTION

Santo Domingo, le 1er Juillet 1895.

MONSIEUR LE MINISTRE,

Je confirme aujourd'hui ma note officielle du 6 de mai dernier, enregistrée au Livre B sous le nº 42, et j'ai l'honneur en même temps de répondre aux fins de la très estimée communication que Votre Excellence a bien voulu m'adresser le 27 juin dernier sous le nº 29, livre nº 2.

En confirmation de la mienne, je puis assurer Votre Excellence que mon Gouvernement s'est adressé déjà au Saint-Père, sollicitant son acceptation d'intervenir comme juge arbitre dans les contestations relatives à nos respectives limites frontières.

Son Excellence
Monsieur l'Envoyé Extraordinaire et Ministre Plénipotentiaire d'Haïti. En Ville.

Y en cuanto a la comunicacion de Vuestra Excelencia, puedo responder a sus fines de un modo mas preciso que en ocasion anterior. A ello me autoriza la circunstancia de estar especialmente apoderado mi Gobierno por expresa voluntad del Pueblo Soberano (plebiscito de los dias 1º y 2 de junio proximo pasado), para adoptar el recurso de arbitraje ; para cometer a la decision imparcial del Santo Padre el fallo que haya de recaer sobre aquellas contestaciones, tanto tiempo ha pendientes entre los dos Gobiernos, y para ejercer los actos de disposición necesarios al arreglo de limites que separan nuestras fronteras, mediante compensaciones territoriales ó de cualquiera otro linaje.

Si el Gobierno de Vuestra Excelencia prosigue, como lo espero, compartiendo con el mio el proposito de llegar sin dificultad alguna a racionales y decorosos acomodamientos ; a Vuestra Excelencia será fácil, en la conferencia que celebraremos mañana ó cuando Vuestra Excelencia la indique, dejar concertadas las bases de Convencion de arbitraje subordinandolas à los arreglos preliminares que garanticen los intereses reciprocos.

En estos trabajos preliminares se utilizaran y confirmaran los puntos concertados y anotados en el Memorandum que el Señor General Don Ulises Heureaux, Presidente de la República puso en manos de Vuestra Excelencia, en la conferencia del dia 8 de abril del año en curso.

Saluda á Vuestra Excelencia, Señor Ministro, con sentimientos de distinguida consideracion.

Signé : Enrique Henriquez.

Et quant à la communication de Votre Excellence, je puis répondre à ses fins d'une manière plus précise qu'antérieurement. A cela m'autorise la circonstance pour mon Gouvernement d'être, par l'expresse volonté du peuple souverain (plébiscite des 1 et 2 juin dernier), spécialement autorisé à adopter le recours de l'arbitrage, pour laisser au jugement impartial du Saint-Père la décision qui doit intervenir sur ces contestations, il y a tant de temps, pendantes entre les deux Gouvernements, et faire les actes nécessaires pour le règlement des limites qui séparent nos frontières, moyennant compensations territoriales ou de toute autre nature.

Si le Gouvernement de Votre Excellence continue, comme je l'espère, à partager avec le mien l'idée d'arriver sans difficulté aucune à des accommodements raisonnables et honorables, il sera facile à Votre Excellence, dans la conférence que nous aurons demain ou quand Votre Excellence l'indiquera, de laisser concertées les bases de la convention d'arbitrage, en les subordonnant aux règlements préliminaires qui garantissent les intérêts réciproques.

Dans ces travaux préliminaires seront utilisés et confirmés les points concertés et notés dans le Memorandum que M. le Général Don Ulises Heureaux, Président de la République, a mis aux mains de Votre Excellence dans la conférence du 8 d'avril de l'année en cours.

Salue Votre Excellence, Monsieur le Ministre, avec des sentiments de considération distinguée.

Signé : Enrique Henriquez.

SECRETARIA DE ESTADO
RELACIONES EXTERIORES

N° 60
Libro B.

Santo Domingo, julio 4 de 1895.

SEÑOR MINISTRO :

Aun despues de haber firmado ayer, con Vuestra Excelencia, la Convencion de arbitraje en proyecto, para el arreglo definitivo de nuestra linea fronteriza, insisto hoy en elevar à la consideracion de Vuestra Excelencia la parte final del articulo 9·, suprimida del cuerpo de dicho articulo contra todo mî deseo de que fuese aceptada por Vuestra Excelencia.

La parte suprimida dice asi : « pero reservandose el Gobierno Domini-

Excmo Señor Enviado Extraordinario
y Ministro Plénipotenciario de la República de Haïti en Santo Domingo.

TRADUCTION

SECRÉTAIRERIE D'ÉTAT
RELATIONS EXTÉRIEURES

N° 60
Livre B.

Santo Domingo, le 4 juillet 1895

MONSIEUR LE MINISTRE,

Bien que ce soit après avoir signé hier avec Votre Excellence la Convention d'arbitrage en projet, pour le règlement définitif de notre ligne frontière, j'insiste aujourd'hui à présenter à la considération de Votre Excellence la partie finale de l'article 9, supprimée malgré tout mon désir de la faire accepter par Votre Excellence.

La partie supprimée dit ceci : « Mais se réservant le Gouvernement Domi-

Son Excellence l'Envoyé extraordinaire
et Ministre Plénipotentiaire de la République d'Haïti à Santo Domingo.

cano la facultad de conservar aquella parte del territorio que le es indispensable para la franca communicacion entre sus posesiones fronterizas.

Despues de considerar nuevamente la condicion equitativa entrañada en el párrafo precedente, dignese Vuestra Excelencia hacerlo considerar tambien por su Gobierno, como lo haré yo con el mio, a quien indicaré ademas, la conveniencia de subordinar, la sancion de la Convencion de arbitraje, al restablecimiento, en la misma Convencion, de la parte final del articulo 9e.

Saluda à Vuestra Excelencia, Señor Ministro, con sentimientos de distinguida consideracion.

Signé : ENRIQUE HENRIQUEZ.

---

nicain la faculté de conserver cette partie du territoire qui lui est indispensable pour la franche communication entre ses possessions frontières. »

Après avoir considéré de nouveau la condition équitable que renferme le paragraphe précédent, que Votre Excellence, veuille bien la faire prendre en considération aussi par son Gouvernement, comme je le ferai près du mien, auquel j'indiquerai, en outre la convenance de subordonner la sanction de la Convention d'arbitrage au rétablissement, dans la même Convention, de la partie finale de l'article 9.

Salue Votre Excellence, Monsieur le Ministre, avec des sentiments de considération distinguée.

Signé : ENRIQUE HENRIQUEZ.

LÉGATION
DE LA
RÉPUBLIQUE D'HAITI
A
SANTO DOMINGO

N° 86
Livre n° 2.

Santo Domingo, le 21 août 1895.

MONSIEUR LE MINISTRE,

J'ai l'honneur de porter à votre connaissance que mon Gouvernement — Pouvoir Exécutif et Corps Législatif — a ratifié et sanctionné — 9-10-18 juillet 1895 — sans changement et telle qu'elle a été arrêtée et signée le 3 juillet entre nous, la Convention d'arbitrage par le Saint-Père sur l'interprétation de l'article 4 du traité de 1874.

Je me tiens aux ordres du Gouvernement de Votre Excellence pour l'échange des ratifications à intervenir conformément à l'article 10 de cet instrument.

Pour le protocole d'usage, permettez-moi de vous présenter le projet ci-inclus.

Je vous prie d'agréer, Monsieur le Ministre, les assurances empressées de ma considération très distinguée.

Le Ministre d'Haïti,

Signé : Dr Jn-JOSEUH.

Monsieur Enrique Henriquez,
Ministre des Relations extérieures, à Santo Domingo.

REPUBLICA DOMINICANA

MINISTERIO
DE
RELACIONES EXTERIORES

Nº 71.
Livre B.

Santo Domingo, Agosto 29/1895.

Señor Ministro :

Han llegado ayer a mis manos la atenta carta oficial, marcada con el nº 86 del Libro nº 2, y el proyecto de protocolo que, anexo a la misma carta, se ha dignado dirigirme Vuestra Excelencia.

Acojo con grata impresion la noticia que me comunica Vuestra Excelencia acerca de la ratificacion con que, asi el Poder Ejecutivo, como el Cuerpo Legislativo de la República de Haiti, han sancionado sin alteracion alguna la

Excmo Señor E. E. y Ministro Plenipotenciario
de la República de Haiti en Santo Domingo.

TRADUCTION

RÉPUBLIQUE DOMINICAINE

MINISTÈRE
des
RELATIONS EXTÉRIEURES

Nº 71.
Livre B.

Santo Domingo, le 29 *août* 1895.

Monsieur le Ministre,

Me sont parvenus hier l'estimée lettre officielle marquée au nº 86 du Livre nº 2 et le projet de protocole annexé à ladite lettre que Votre Excellence a bien voulu m'adresser.

Je reçois avec plaisir la nouvelle que me communique Votre Excellence relativement à la ratification par laquelle tant le Pouvoir Exécutif que le Corps

Son Excellence
l'Envoyé Extraordinaire et Ministre Plénipotentiaire de la République d'Haïti,
à Santo Domingo.

convencion de arbitrage firmada, *ad referendum*, por Vuestra Excelencia y por mi, en 3 de Julio retro-proximo.

A mi vez espero poder comunicar a Vuestra Excelencia, en dia no lejano, la decision a que esta ya sometida ante el Peder Ejecutivo, de que formo parte, aquel mismo instrumento del 3 de Julio.

En cuanto al proyecto de protocolo, por lo mismo que ya él no tiene mas objeto que el de reseñar fielmente los actos que precedieron a la suscricion de la convencion, no puedo aceptarlo sino a reserva de que consignemos en él cuantos antecedentes puedan ilustrar el origen de la negociacion y revelar el criterio respectivo que los dos Plenipotenciarios hemos aportado a ella, en interés de acordar y armonizar la rectitud de miras con que ambos Gobiernos aspiran al desenlace racional y amistoso de su desacuerdo en punto a limites fronterizos.

Primeramente conviene dejar establecido cual ha sido el antecedente inicial de la negociacion, buscandolo, al efecto, en la nota oficial que Vuestra Excelencia tuvo a bien dirigirme, en fecha 18 de Diciembre de 1894, y a la cual nota me fué honrosa responder en 4 de Enero del año corriente.

Despues, y aun cuando permanezca cualquiera otro detalle sin su asiento correspondiente en el proyecto de protocolo, paréceme indispensable que, al lado de una objecion hecha por Vuestra Excelencia en la conferencia del dia 3 de Julio, consignemos la contra-objecion que le opuse.

---

législatif de la République d'Haïti ont sanctionné, sans altération aucune, la Convention d'arbitrage signée *ad referendum* par Votre Excellence et par moi le 3 juillet dernier.

A mon tour, j'espère pouvoir annoncer à Votre Excellence prochainement la décision du Pouvoir Exécutif dont je fais partie, à laquelle est déjà soumis ce même instrument du 3 juillet.

Quant au projet de protocole, par cela même qu'il n'a plus d'autre objet que celui de passer en revue et reproduire fidèlement les actes qui ont précédé la signature de la Convention, je ne puis l'accepter qu'avec la réserve que nous y consignerons tous les antécédents qui peuvent éclairer l'origine de la négociation et révéler l'esprit dans lequel, respectivement, nous autres deux plénipotentiaires avons agi, suivant la rectitude de vues avec laquelle les deux Gouvernements s'appliquent à dénouer raisonnablement et amicalement leur divergence d'opinion sur le point des limites frontières.

Premièrement, il convient d'établir quel a été l'antécédent initial de la négociation, le cherchant, à cet effet, dans la note officielle que Votre Excellence a bien voulu m'adresser à la date du 18 décembre 1894, à laquelle note j'ai eu l'honneur de répondre le 4 janvier de l'année en cours.

Ensuite, et alors même qu'il resterait n'importe quel autre détail qui ne serait pas, comme il convient, retenu dans le projet de protocole, il me paraît indispensable que, à côté d'une objection faite par Votre Excellence dans la

La objecion hecha por Vuestra Excelencia figura en el proyecto de protocolo concebida asi :

« M. Dalbémar Jean-Joseph, repoussant la proposition, a fait observer qu'un accord préalable avait été établi pour arriver à cette convention, et que c'est le Gouvernement Dominicain qui en avait proposé les termes. Le Gouvernement Haïtien consulté y avait adhéré sans y rien changer, mais, bien entendu que ce qui était une chose déjà bien arrêtée entre les Parties, serait souscrit, en définitive, également sans changement ni altération dans sa substance. »

Mi contra-objecion fué articulada de este modo : « La convencion que vamos a firmar es un acto *ad referendum*. No puede ser definitivo, aún cuando pretendieramos imprimirle ese caracter, por carecer ambos Plenipotenciarois de calidad suficiente para ello, y porqué, cuando lo sustancial pudiera ser inalterable, tendriamos entonces que convenir en que lo sustancial es el arbitraje. »

Repliqué, ademas, a Vuestra Excelencia, que la proposicion entrañada en la parte final del articulo 9° no altera en ninguna forma las bases del arreglo propuesto por el Gobierno Dominicano, sino que las precisa de manera inequivoca y tal como couviene al deseo de garantir la duracion ó estabilidad del arreglo que hoy se persigue, solicitando la eficacia de la negociacion, no en la menguada docilidad de calquiera de los dos pueblos limitrofes, sino en al alto espiritu de justicia que ilumine la fisionomia moral del pacto.

---

conférence du 3 juillet, nous consignions la contre-objection que je lui ai opposée.

L'objection faite par Votre Excellence figure dans le projet de protocole comme suit :

« M. Dalbémar Jean-Joseph, repoussant la proposition, a fait observer qu'un accord préalable avait été établi pour arriver à cette convention et que c'est le Gouvernement Dominicain qui en avait proposé les termes. Le Gouvernement Haïtien, consulté, y avait adhéré sans y rien changer, mais, bien entendu, que ce qui était une chose déjà bien arrêtée entre les Parties serait souscrit, en définitive, également sans changement ni altération dans sa substance ».

Ma contre-objection a été articulée de cette manière : « La Convention que nous allons signer est un acte *ad referendum*. Elle ne peut être définitive, même quand nous prétendrions lui imprimer ce caractère, en ce que les deux Plénipotentiaires manquent de qualité suffisante pour cela ; et parce que, alors même que le substantiel pourrait être inaltérable, nous aurions alors à convenir que le substantiel est l'arbitrage. »

Je répliquai, en outre, à Votre Excellence, que la proposition renfermée dans la partie finale de l'article 9 n'altère, en aucune façon, les bases du règlement proposé par le Gouvernement Dominicain, mais qu'elle les précise sans équivoque et tel qu'il convient au désir de garantir la durée ou stabilité du réglement qui se poursuit aujourd'hui, cherchant l'efficacité de la négociation,

Por lo demas, antes de mi contra-objecion, ya Vuestra Excelencia tenía preentendido, en su nada común ilustracion, que el instrumento del 3 de Julio podia ser ampliado, modificado y aun rechazado en absoluto por los Gobiernos de ambas Partes, y de no haberlo preetendido asi, jamas habria firmado Vuestra Excelencia el tenor concluyente del articulo 10 que dice asi :

« La presente convencion sera sometida á la *aprobacion* y *sancion* de las autoridades competentes respectivas y las ratificaciones serán canjeadas, etc., etc., etc. etc. »

El carácter *no definitivo* del compromiso firmado *ad referendum*, en 3 de julio, me dió ademas margen para dirigir á Vuestra Excelencia mi carta oficial del 4 del mismo mes de julio.

Con las precedentes salvedades me sera muy placentero organizar, de acuerdo con Vuestra Excelencia, el proyecto de protocolo en cuestion, y al efecto propongo á Vuestra Excelencia una conferencia para mañana á las 4 1/2 (p. m.) en este Despacho.

Y en el interin, tengo à honra renovar á Vuestra Excelencia, Señor Ministro, las protextas de distinguida consideracion con las cuales soy de Vuestra Excelencia,

Muy obsecuente servidor,

ENRIQUE HENRIQUEZ.

---

non pas dans la docilité bien humble de n'importe lequel des deux peuples limitrophes, mais dans le haut esprit de justice qui fait luire le caractère moral du pacte.

Au surplus, avant même ma contre-objection, Votre Excellence avait compris, dans son intelligence nullement commune, que l'instrument du 3 juillet pourrait être amplifié, modifié et même repoussé absolument par les Gouvernements des deux Parties, et si Votre Excellence ne l'avait pas ainsi compris, jamais Elle n'aurait signé la teneur concluante de l'article 9, qui dit ce qui suit :

« La présente convention sera soumise à l'*approbation* et *sanction* des autorités compétentes respectives, et les ratifications seront échangées, etc. »

Le caractère *non définitif* du compromis signé *ad referendum* le 3 juillet, m'a donné en outre la faculté d'adresser à Votre Excellence ma lettre officielle du 4 du même mois de juillet.

Avec les précédentes réserves, il me sera très agréable d'établir, d'accord avec Votre Excellence, le projet de protocole en question ; et à cet effet, je propose à Votre Excellence une conférence pour demain à quatre heures et demie de l'après-midi, en ce bureau.

Et, en attendant, j'ai l'honneur de renouveler à Votre Excellence, Monsieur le Ministre, les assurances de considération distinguée avec lesquelles je suis, de Votre Excellence, le très obéissant serviteur.

Signé : ENRIQUE HENRIQUEZ.

LÉGATION
DE LA
RÉPUBLIQUE D'HAITI
A
SANTO DOMINGO

N° 92
Livre N° 2

Santo Domingo, le 31 Août 1895.

MONSIEUR LE MINISTRE,

J'ai l'honneur de vous accuser réception de votre dépêche du 29 août courant, n° 71, Livre B, responsive à la mienne de la veille au n° 86, Livre 2, et roulant sur le protocole à signer entre nous.

Comme nous l'avons arrêté dans notre entrevue d'hier après-midi, puisque seront publiées ensemble avec le protocole les notes qui ont été échangées entre nous sur la question depuis le 18 décembre dernier et dans lesquelles on peut trouver la manière de voir de chacun, ledit protocole ne portera pas le paragraphe de mon objection écrit dans le projet, non plus donc que la contre-objection que vous avez cru devoir présenter en réponse; laquelle amènerait une réplique de ma part et par suite une discussion à laquelle il est sans utilité de donner lieu, ni d'un côté ni de l'autre.

Que Votre Excellence veuille agréer la nouvelle assurance de ma considération la plus distinguée.

Le Ministre d'Haïti,
Signé : Dr Jn JOSEPH.

Monsieur Enrique Henriquez,
Ministre des Relations extérieures de la République Dominicaine,
Santo Domingo.

REPUBLICA DOMINICANA

MINISTERIO
de
RELACIONES EXTERIORES

N° 72
Libro B

Santo Domingo, Setiembre 2/1895.

SEÑOR MINISTRO :

Al ocuparse hoy el Poder Ejecutivo en los actos relativos á la ratificación de la Convención de arbitraje, firmada *ad referendum* en 3 de Julio último, ha sido informado por la Delegacion Apostólica, de que el Gobierno de Haití, por órgano de su Legación acreditada en Roma, ha pedido el arbitraje del

Excmo Señor E.E. y Ministro Plenipotenciario
de la Republica de Haití en Santo Domingo.

RÉPUBLIQUE DOMINICAINE

MINISTÈRE
DES
RELATIONS EXTÉRIEURES

N° 72
Livre B.

TRADUCTION

Santo Domingo, 2 Septembre 1895.

MONSIEUR LE MINISTRE,

S'occupant aujourd'hui des actes relatifs à la ratification de la convention d'arbitrage signée *ad referendum* le 3 juillet dernier, le Conseil Exécutif a été informé par la Délégation Apostolique que le Gouvernement d'Haïti, par l'organe de sa Légation accréditée à Rome, a demandé l'arbitrage du Saint-Père,

Son Excellence Monsieur l'Envoyé Extraordinaire
et Ministre Plénipotentiaire d'Haïti à Santo Domingo.

Santo Padre, no unicamente para resolver acerca de la interpretacion del Tratado de 1874, sino además, para dirimir en sentido general todo lo relativo á la delimitacion fronteriza.

Esta noticia ha mantenido durante algunas horas en suspenso el ánimo de mi Gobierno, el cual ha continuado sus trabajos, subordinando éstos, desde luego, al liberal criterio de acordar ámplias facultades al Santo Padre; en concordancia con lo pedido por El Gobierno de Haití.

Esta variante ha precisado al Gobierno Dominicano á ratificar la Convencion del 3 de Julio, en la forma en que acaba de hacerlo, esto es , sometiéndola á la clausula condicional de que ambos Gobiernos confieran al Sumo Pontifice poderes discrecionales para resolver, como Juez árbitro, nó exclusivamente el punto de la controvertida interpretación del artículo 4º del Tratado de 1874, sino, en general todas las cuestiones de hecho y derecho que se relacionen con nuestras dificultades respecto á límites fronterizas.

Con esa alteración que parece responder á la común aspiración de los dos Gobiernos y á la absoluta confianza que á ambos inspira la paternal indulgencia y recto espíritu imparcial del Beatísimo Padre Léon XIII, ha sido hoy ratificada por mi Gobierno la referida Convención del 3 de Julio.

Y así me doy prisa en notificarlo á Vuestra Excelencia para que procedamos mañana 3 de los corrientes á verificar el canje de ratificaciones, siempre que Vuestra Excelencia esté en aptitud de proceder á dicho canje.

El Poder Ejecutivo ha resuelto, además, comunicar al Delegado Apostólico

---

non seulement pour résoudre l'interprétation du traité de 1874, mais encore pour décider, en général, de tout ce qui est relatif à la délimitation des frontières.

Cette nouvelle, durant quelques heures, a tenu en suspens l'esprit de mon Gouvernement, lequel alors a continué ses travaux en les subordonnant à l'idée libérale d'accorder d'amples facultés au Saint-Père, en concordance avec ce qui a été demandé par le Gouvernement d'Haïti.

Ce changement a obligé le Gouvernement Dominicain à ratifier la convention du 3 juillet dans la forme où il vient de le faire, c'est-à-dire : en la soumettant à la clause conditionnelle que les deux Gouvernements confèrent au Souverain Pontife des pouvoirs discrétionnaires pour résoudre, comme Juge arbitre, non pas exclusivement le point de l'interprétation controversée de l'article 4 du traité de 1874, mais en général toutes les questions de fait et de droit qui se rattachent à nos difficultés sur les limites frontières.

Avec cette altération qui paraît répondre à la commune aspiration des deux Gouvernements et à la confiance absolue qu'à l'un et à l'autre inspirent la paternelle indulgence et l'esprit droit et impartial du très Saint-Père Léon XIII, ladite convention du 3 juillet a été aujourd'hui ratifiée par mon Gouvernement.

Et ainsi je m'empresse de le notifier à Votre Excellence pour que nous procédions demain, 3 du courant, à l'opération de l'échange des ratifications, toutefois que Votre Excellence se trouve en mesure de procéder audit échange.

la forma condicional en que ha sido hecho la ratificacion de la predicha Convencion.

Con sentimientos de distinguida consideracion personal, soy de Vuestra Excelencia, Señor Ministro.

Muy at° servidor,

Signé : Enrique Henriquez.

Le Pouvoir Exécutif a résolu, en outre, de communiquer au Délégat Apostolique la forme conditionnelle dans laquelle a été donnée la ratification de la convention précitée.

Avec des sentiments de considération distinguée personnelle, je suis de Votre Excellence, Monsieur le Ministre, le très obéissant serviteur.

Signé : Enrique Henriquez.

LÉGATION
DE LA
RÉPUBLIQUE D'HAITI
A
SANTO DOMINGO

N° 93
Livre N° 2

Santo Domingo, le 2 Septembre 1895.

Monsieur le Ministre,

Je viens d'avoir l'honneur de recevoir votre communication de ce jour, n° 72, Livre B, par laquelle Votre Excellence a bien voulu me faire part de l'information donnée à son Gouvernement par le Délégat Apostolique, que le Gouvernement d'Haïti, par l'organe de sa Légation accréditée à Rome, a demandé l'arbitrage du Saint-Père, non pas seulement pour résoudre l'interprétation du traité de 1874, mais encore pour décider en général de tout ce qui est relatif à la délimitation des frontières. Par suite de quoi le Gouvernement de Votre Excellence serait disposé à ratifier le traité d'arbitrage existant entre les Parties, avec une clause conditionnelle qui étendrait dans un semblable sens les pouvoirs du Saint-Père, comme juge arbitre.

Votre Excellence voudra bien convenir que, n'ayant à cet égard aucun avis de mon Gouvernement, je ne puis reconnaître à la nouvelle donnée officieusement, et à titre privé sans doute, par le Délégat Apostolique, le caractère officiel que semble lui attribuer la dépêche de Votre Excellence, surtout que la chose est contre tout ce que je sais très positivement des dispositions et actes solennellement arrêtés par mon Gouvernement.

Que le Ministre haïtien à Rome ait fait des déclarations d'où sera résultée une pareille interprétation, il est certain que cela n'a pu arriver que par suite d'un malentendu, bientôt dissipé par les instructions collectives qui ont été expédiées à M. Delorme, en même temps que de semblables instructions m'étaient remises.

Je pourrais donc assurer déjà à Votre Excellence que, en tous cas, la demande en question n'est pas partie de mon Gouvernement à Port-au-Prince, toutes raisons entre autres pour lesquelles je me vois dans l'impossibilité d'accéder à votre proposition de clause conditionnelle.

Que, si d'ailleurs votre déclaration se résume en ceci : que le Gouvernement Dominicain serait disposé de donner au Saint-Père les mêmes amples

Monsieur Enrique Henriquez,
Ministre des Relations extérieures de la République Dominicaine,
à Santo Domingo.

facultés que le Gouvernement Haïtien serait lui-même disposé de donner selon le fait rapporté, je n'aurai qu'à transmettre cette déclaration à mon Gouvernement, à tel effet que de raison et qui résultera du fait annoncé.

En conséquence, j'estime que la ratification du traité du 3 juillet, comme elle a été promise entre les Parties, doit rester en dehors et indépendante de l'incident, quelle que soit l'issue de ce dernier.

Veuillez agréer, Monsieur le Ministre, l'assurance réitérée de ma considération la plus distinguée.

Le Ministre d'Haïti,

Signé : Dr Jn JOSEPH.

LÉGATION
de la
RÉPUBLIQUE D'HAITI
A
SANTO DOMINGO

N° 99.
Livre n° 2.

Santo Domingo, le 4 septembre 1895.

Monsieur le Ministre,

Comme dans un considérant et à l'article 2 de l'acte du Pouvoir Exécutif de la République Dominicaine qui ratifie la convention de l'arbitrage conclue entre nos deux Gouvernements, se trouve visée et mentionnée l'hypothèse d'une extension de la matière à arbitrer, en ce que, est-il dit, la Légation d'Haïti à Rome l'aurait ainsi sollicité du Saint-Siège, cela étant, je saurai gré à Votre Excellence de me confirmer de la manière la plus explicite que, ainsi que je le comprends, le Pouvoir Exécutif dominicain entend et déclare par ledit considérant et ledit article 2 que si le Gouvernement Haïtien approuvait la déclaration officielle attribuée à M. Delorme, à Rome, le Gouvernement Dominicain, dans ce cas et de son côté, reconnaissait au Saint-Père les mêmes larges facultés ainsi concédées ; comme également si le Gouvernemeut Haïtien désapprouve ladite déclaration attribuée à M. Delorme, à Rome, le Gouvernement Dominicain, informé de ce désaveu par la notification qui lui en serait faite, se départira de ce qu'il peut y avoir de conditionnel audit article 2, considéré dès lors comme non avenu et s'en tiendra à la ratification pure et simple, ni plus ni moins, de la convention du 3 juillet dernier, laquelle restant parfaite et exactement telle qu'elle a été signée entre les Parties et par suite ratifiée et sanctionnée par les Pouvoirs publics d'Haïti.

En attendant que d'accord entre nous, comme j'en ai la certitude, vous vouliez bien avoir la bonté de me le répéter en termes formels et semblables, je vous prie d'agréer, Monsieur le Ministre, l'assurance réitérée de ma considération la plus distinguée.

Le Ministre d'Haïti,
Signé : Dr Jn-JOSEPH.

Son Excellence Monsieur Enrique Henriquez,
Ministre des Relations Extérieures de la République Dominicaine,
à Santo Domingo.

REPUBLICA DOMINICANA

MINISTERIO
DE
RELACIONES EXTERIORES

Nº 74.
Libro B.

Santo Domingo, setiembre 4/1895.

Señor Ministro :

Cúmpleme responder á la carta oficial de esta misma fecha, nº 99, del Libro nº 2, que Vuestra Excelencia se ha dignado dirijirme.

El artículo 2 de la ratificacion dominicana, recaida sobre la Convencion de arbitraje del 3 de julio último, está destinado á resolver un caso hipotético : el de la mayor extensión que el Gobierno de Haití quiera, ó prefiera, atribuir à las funciones de juez-arbitro conferidas al Santo Padre, por los dos Gobiernos.

Excmo Señor E. E.
y Ministro Plenipotenciario de la República de Haiti en Santo Domingo.

RÉPUBLIQUE DOMINICAINE

MINISTÈRE
DES
RELATIONS EXTÉRIEURES

Nº 74
Livre B.

TRADUCTION.

Santo Domingo, le 4 septembre 1895.

MONSIEUR LE MINISTRE,

Je m'acquitte du devoir que j'ai de répondre à la lettre officielle de ce jour, nº 99 du Livre nº 2, que Votre Excellence a bien voulu m'adresser.

L'article 2 de la ratification dominicaine donnée à la Convention d'arbitrage du 3 juillet dernier est destiné à résoudre un cas hypothétique : celui de la plus grande extension que le Gouvernement d'Haïti voudrait ou préférerait attribuer aux fonctions de juge-arbitre conférées au Saint-Père par les deux Gouvernements.

Son Excellence Monsieur l'Envoyé Extraordinaire
et Ministre Plénipotentiairede la République d'Haïti à Santo Domingo.

El Gobierno Dominicano al resolver ese caso hypotético, ha querido tan sólo consagrar hasta donde está dispuesto á exaltar y hasta donde exalta, juntamente con su espíritu de adhesion y de confianza á la recta imparcialidad del Santo Padre, su espíritu de franca cordialidad hácia el Gobierno de Haití.

No tengo, pues, inconveniente en hacer á Vuestra Excelencia, del modo explícito que la ha requerido, la siguiente notificacion : que si el Gobierno de Haití aprueba la declaración oficial atribuida al señor Delorme, en Roma, el Gobierno Dominicano, en ese caso, y de su parte, reconoce en el Santo Padre todas las ámplias facultades concedidas por la otra parte ; que sí, obrando distintamente, el Gobierno de Haití desaprueba la dicha declaración atribuida al señor Delorme, el Gobierno Dominicano, tan luego como Vuestra Excelencia le notifique tal desaprobación, considerará, desde entonces, como no existente el articulo 2° de su ratificacion, quedando perfecta la convencion del 3 de julio, tal como fué firmada.

Asi cúmpleme communicarlo á Vuestra Excelencia, no sin aprovechar esta ocasion para renovarle las seguridades de la distinguida consideración personal, con la que soy de Vuestra Excelencia señor Ministro,

Muy at° servidor,

Signé : Enrique Henriquez.

Le Gouvernement Dominicain, en résolvant ce cas hypothétique, a voulu seulement marquer jusqu'à quel point il est disposé à élever et élève, en même temps que son esprit de docilité et de confiance dans la droite impartialité du Saint-Père, son esprit de franche cordialité envers le Gouvernement d'Haïti.

Je ne trouve donc pas d'inconvénient à faire à Votre Excellence, de la manière explicite qu'Elle l'a demandée, la notification suivante : Que si le Gouvernement d'Haïti approuve la déclaration officielle attribuée à M. Delorme, à Rome, le Gouvernement Dominicain, dans ce cas, et de son côté, reconnaît au Saint-Père toutes les amples facultés concédées par l'autre partie ; — que si, agissant différemment le Gouvernement d'Haïti désapprouve ladite déclaration attribuée à M. Delorme, le Gouvernement Dominicain, aussitôt que Votre Excellence lui aura notifié cette désapprobation, considérera, dès lors, comme non existant l'article 2 de sa ratification, — la Convention du 3 juillet restant parfaite et telle qu'elle a été signée.

Telle est la communication que j'avais à faire à Votre Excellence, non sans profiter de cette occasion pour lui renouveler les assurances de la distinguée considération personnelle avec laquelle je suis, de Votre Excellence, Monsieur le Ministre, le très obéissant serviteur.

Signé : Enrique Henriquez.

LÉGATION
DE LA
RÉPUBLIQUE D'HAITI
A
SANTO DOMINGO

N° 123
Livre n° 2.

Santo Domingo, le 16 octobre 1895

Monsieur le Ministre,

Au moyen de la correspondance échangée entre nous le 4 septembre dernier, de ma part au n° 99 et de la vôtre au n° 74, relativement à la déclaration annoncée avoir été faite par M. Delorme à Rome, comme quoi le Gouvernement d'Haïti serait disposé à donner une plus grande extension à la matière de l'arbitrage convenu entre les Parties et l'aurait ainsi fait connaître au Saint-Siège, il a été formellement et très explicitement déclaré et notifié par Votre Excellence au nom de son Gouvernement que si le Gouvernement d'Haïti désapprouve ladite déclaration attribuée à M. Delorme, le Gouvernement Dominicain, dès que la notification de cette désapprobation lui aura été faite, considérera comme non existant l'article 2 de sa ratification de la Convention d'arbitrage du 3 juillet, présente année, restant parfaite la dite Convention telle qu'elle a été signée entre nous.

En conséquence et corroborant ici ce qui a été déjà affirmé : — « Que la démarche attribuée à M. Delorme serait contraire aux vues, dispositions et actes de mon Gouvernement, aussi bien qu'aux conditions solennellement souscrites le 3 juillet, » — j'ai l'honneur de notifier par la présente au Gouvernement de Votre Excellence que le Gouvernement d'Haïti désavoue formellement et officiellement la susdite déclaration annoncée de M. Delorme, résultant de cette désapprobation ainsi notifiée par la présente, que l'article 2 de la ratification dominicaine et le considérant y relatif demeurent nuls et non avenus, et que la Convention d'arbitrage ratifiée purement et simplement reste parfaite et telle qu'elle a été signée entre les Parties.

Veuillez agréer, Monsieur le Ministre, l'assurance réitérée de la haute considération de votre très humble et obéissant serviteur.

Le Ministre d'Haïti,
Signé : Dr Jn-Joseph.

Son Excellence Monsieur Enrique Henriquez,
Ministre des Relations extérieures de la République Dominicaine,
à Santo Domingo.

REPUBLICA DOMINICANA

MINISTERIO
DE
RELACIONES EXTERIORES

Nº 82.
Libro B.

Santo Domingo, octobre 21/1895.

Señor Ministro,

Al anunciar á Vuestra Excelencia el recibo de su atento despacho de fecha 16 de los corrientes, marcado con el nº 123 del libro nº 2; cúmpleme anunciar igualmente á Vuestra Excelencia que mi Gobierno, acomodándose á los terminos de las declaraciones que contiene el precitado despacho, presta conformidad á la inexistencia del artículo 2º de la ratificación dominicana, y al considerando que se relaciona con ese mismo artículo.

Saluda á Vuestra Excelencia, señor Ministro, con sentimientos de distinguida consideracion personal.

Su atento servidor.

Signé : ENRIQUE HENRIQUEZ.

Excímo señor E. E.
y Ministro Plenipotenciario de la República de Haití, Ciudad.

RÉPUBLIQUE DOMINICAINE

MINISTÈRE
DES
RELATIONS EXTÉRIEURES

Nº 82.
Livre B.

TRADUCTION

Santo Domingo, le 21 octobre 1895.

Monsieur le Ministre,

En accusant réception à Votre Excellence de son estimée dépêche du 16 courant, marquée au nº 123 du Livre nº 2, j'ai à annoncer également à Votre Excellence que mon Gouvernement, d'après les termes des déclarations que contient la dépêche précitée, est d'accord sur l'inexistence de l'article 2 de la ratification dominicaine et du considérant qui se rapporte à ce même article.

Salue Votre Excellence, Monsieur le Ministre, avec des sentiments de distinguée considération personnelle.

Son obéissant serviteur.

Signé : ENRIQUE HENRIQUEZ.

Son Excellence Monsieur l'Envoyé Extraordinaire
et Ministre Plénipotentiaire d'Haïti. En ville.

LÉGATION
DE LA
RÉPUBLIQUE D'HAITI
près le Saint-Siège

Berlin, 19 Novembre 1895

EMINENCE,

Dans l'entretien que j'ai eu l'honneur d'avoir avec vous quelques jours après mon arrivée à Rome, vous m'avez dit que le Saint-Père serait embarrassé pour consentir à accorder son arbitrage, parce que le Président de la République Dominicaine demandait une chose différente de la demande du Président de la République d'Haïti. Alors, pour aplanir la difficulté, j'ai envoyé à Votre Eminence une lettre pour lui dire que le Président d'Haïti s'en rapporte à la paternelle impartialité de Sa Sainteté pour reconnaître nos droits expliqués dans un memorandum que j'ai eu l'honneur de vous remettre quelques jours après.

Un peu plus tard, mon Gouvernement m'ayant exprimé sa surprise au sujet de la lettre que j'ai écrite à Votre Eminence, et ayant, moi, reçu la convention d'arbitrage par laquelle les deux Gouvernements se déclarent d'accord pour prier le Souverain Pontife de consentir à donner son haut arbitrage *uniquement* sur l'interprétation de l'article 4 du traité de 1874, je suis allé, au nom de cette convention, prier Votre Eminence de me remettre ma lettre relative à la demande des deux Présidents, cette lettre n'étant plus nécessaire et n'ayant plus de valeur en présence de la convention d'arbitrage, par laquelle les deux Gouvernements se déclarent d'accord pour ne demander un arbitrage à Sa Sainteté le Pape que sur une *seule* et *même* question, nettement définie.

Votre Eminence m'a répondu que cela n'avait pas d'importance et que Leurs Eminences les Cardinaux qui devaient étudier l'affaire statueraient ainsi sur l'interprétation du susdit article 4 du traité de 1874.

Cependant, mon Gouvernement continuant à m'exprimer son mécontentement, son refus d'accepter le sens de la lettre que j'ai eu l'honneur de vous envoyer *sur votre demande* et dont vous avez communiqué l'idée à Monseigneur Tonti, je me vois forcé de prier une seconde fois Votre Eminence de me remettre la lettre en question, laquelle lettre je suis obligé de déclarer ici, officiellement, *nulle* et *non avenue*. Il n'est plus possible que cette lettre figure au dossier de la question, qui n'est pas encore *arbitrée*, et qui est maintenant strictement limitée, enfermée dans l'*unique* question de l'interprétation de l'article 4 du traité conclu en 1874 entre la République d'Haïti et la République de Santo Domingo.

Son Eminence Monseigneur le Cardinal Rampolla,
Secrétaire d'Etat du Saint-Siège.

Il n'est pas possible que j'agisse contre les ordres formels de mon Gouvernement.

Je ne dois pas laisser ignorer à Votre Eminence que, pour bien remplir mon devoir et prouver officiellement l'exécution des ordres sévères que je reçois à chaque instant à cet égard, j'expédierai (je vais expédier) au Gouvernement une copie de cette lettre-ci, par laquelle je me dégage à temps.

Je vous prie, Eminentissime et très vénéré Cardinal, d'avoir la bonté de me répondre en français.

Je supplie Votre Eminence de mettre mes hommages de respect filial et de vénération aux pieds de Son Auguste Sainteté le Pape, à qui je souhaite la plus parfaite santé. Tous les bons catholiques s'intéressent à cette chère santé.

Je n'oublierai point de prier Votre Eminence de croire au respectueux souvenir que je garde de sa haute et gracieuse bienveillance.

J'ai l'honneur, Eminence, de vous renouveler l'expression et la plus sincère assurance de mon dévouement ainsi que de tous mes sentiments les plus distingués.

Le Ministre de la République d'Haïti près le Saint-Siège,

Signé : DELORME

POUR COPIE CONFORME :

Le Chef de division des Relations extérieures,

Signé : J.-P. FRANCK FAUBERT.

LÉGATION
DE LA
RÉPUBLIQUE D'HAITI
A
SANTO DOMINGO

Santo Domingo, le 26 mars 1894.

N° 12
Livre n° 2.

MONSIEUR LE MINISTRE,

Pour parvenir à l'objet ci-dessous exprimé, je suis expressément chargé de faire à Votre Excellence et au Gouvernement Dominicain la communication qui suit :

Monseigneur Tonti, Délégat Apostolique près les Gouvernements d'Haïti, de Santo Domingo et de Vénézuela, ayant été choisi pour être nommé archevêque titulaire de Port-au-Prince, la Chancellerie Pontificale a mis comme condition de sa nomination que les Gouvernements de Vénézuela et de Santo Domingo ne fassent aucune difficulté à lui reconnaître ses privilèges diplomatiques malgré le titre d'Archevêque haïtien qui lui serait conféré.

Le Gouvernement de Vénézuéla a, par une note de son Ministre Plénipotentiaire à Paris, fait savoir à M. Delorme, notre Ministre Plénipotentiaire à Rome, que le Gouvernement de la République de Vénézuela reconnaîtrait la qualité diplomatique de Monseigneur Tonti, malgré le titre d'archevêque haïtien qu'il pourrait avoir.

En conséquence, je prie Votre Excellence d'avoir pour agréable que je lui soumette la demande de mon Gouvernement en vue d'obtenir du sien la même déclaration que celle qui a été faite comme ci-dessus par la République de Vénézuela.

Le Gouvernement Haïtien, qui, à juste titre, compte entièrement sur la courtoisie et les bienveillantes dispositions du Gouvernement Dominicain, reste persuadé que dans cette circonstance où il y va de l'intérêt de notre sainte religion et du bien spirituel des populations, le Gouvernement Dominicain voudra bien l'aider ainsi à résoudre définitivement une question restée déjà trop longtemps en suspens.

Avec mes remerciements anticipés j'ai l'honneur, Monsieur le Ministre, de prier Votre Excellence, d'agréer les assurances nouvelles de ma considération la plus distinguée.

Le Ministre d'Haïti,
Signé : Dr J^n-JOSEPH.

Monsieur le Ministre des Relations extérieures de la République Dominicaine,
Santo Domingo.

SECRETARIA DE ESTADO

RELACIONES EXTERIORES

Libro A
N· 58

Santo Domingo, Abril 23 1894.

Excelentísimo Señor :

Al anunciar á Vuestra Excelencia el recibo de su muy atenta nota oficial fechada á 26 de Marzo próximo anterior, y marcada con el n· 12 del Libro n· 2, tengo á honra decir á Vuestra Excelencia que el Gobierno Dominicano, apesar de encontrarse en situacion distinta del de Venezuela y absolutamente excepcional, dadas las prerogativas que corresponden á ésta Ciudad de Santo Domingo, por ser ella la Primada de las Indias, defiere tambien á la súplica contenida en aquella nota oficial.

Excímo Señor Dalbémar Jean-Joseph,
Ministro Plenipotenciário de Haití, en Santo Domingo.

SECRÉTAIRERIE D'ÉTAT

RELATIONS EXTÉRIEURES

N° 58.
Livre A.

TRADUCTION

Santo Domingo, le 23 avril 1894

Très Excellent Monsieur, -

En accusant réception à Votre Excellence de sa très estimée note officielle datée du 26 mars dernier et marquée au n° 12, j'ai l'honneur d'annoncer à Votre Excellence que le Gouvernement Dominicain, bien qu'il se trouve dans une situation différente de celle de Vénézuela et absolument exceptionnelle, étant données les prérogatives qui reviennent à cette ville de Santo Domingo comme la *Primada de las Indias*, défère aussi à la demande contenue en ladite note officielle.

Son Excellence Monsieur Dalbémar Jean-Joseph,
Ministre Plénipotentiaire d'Haïti à SantoDomingo.

En consecuencia y con ese motivo comunicaré instrucciones especiales á la Legación Dominicana en Roma, á fin de que proceda á declarar ante la Cancillería Pontifical, que mi Gobierno no se opone á que en la persona de Monseñor Tonti recaiga la calidad de Delegado Apostólico cerca de los Gobiernos de ésta República, la de Haití y la de Venezuela, junto con el título de Arzobispo de Haití; sin que pueda entenderse, en ningun caso, que éste acto de expresa y fraternal condescendencia implique renuncia á ninguno de los derechos, prerogativas y preeminencias que corresponden á esta Ciudad de Santo Domingo, en su ya dicha condicion de Primada de las Indias.

Esperando que el Gobierno de Vuestra Excelencia reconozca en esta amistosa disposicion del Gobierno Dominicano una señal elocuente del fraternal interés con que son miradas por éste todas las cuestiones que afectan el mejor estar social del Pueblo Haitiano, me es muy grato aprovechar esta oportunidad para suscribirme de Vuestra Excelencia,

Muy atento servidor,

Signé : Enrique Henriquez

En conséquence et pour ce motif, j'expédierai des instructions spéciales à la Légation Dominicaine à Rome, à l'effet de déclarer à la Chancellerie Pontificale que mon Gouvernement ne s'oppose pas à ce que, dans la personne de Monseigneur Tonti, se trouve réunie la qualité de Délégat Apostolique près les Gouvernements de cette République, celle d'Haïti et celle de Vénézuela, en même temps que le titre d'archevêque d'Haïti ; sans qu'il puisse être entendu, en aucun cas, que cet acte de condescendance expresse et fraternelle implique une renonciation à aucun des droits, prérogatives et prééminences qui reviennent à cette ville de Santo Domingo, en sa condition déjà dite de *Primada de las Indias*.

Espérant que le Gouvernement de Votre Excellence reconnaîtra dans cette amicale disposition du Gouvernement Dominicain une marque éloquente du fraternel intérêt qu'il prend à toutes les questions qui affectent le bien-être social du peuple haïtien, j'ai le plaisir de profiter de cette occasion pour me souscrire, de Votre Excellence,

Le très obéissant serviteur.

Signé : Enrique Henriquez.

LÉGATION
DE LA
RÉPUBLIQUE D'HAITI
A
SANTO DOMINGO

Santo Domingo, le 5 Mai 1894.

N° 30
Livre n° 2.

MONSIEUR LE MINISTRE,

En vous accusant réception de votre honorée dépêche du 23 avril dernier, livre A. n° 58, relative à la qualité diplomatique de Monseigneur Tonti, sans préjudice de laquelle il peut avoir le titre d'archevêque haïtien, je m'empresse de vous présenter les remerciements de la République d'Haïti pour cette disposition amicale du Gouvernement Dominicain, laquelle est, en effet, un témoignage très apprécié du fraternel intérêt qu'il prend, comme l'écrit Votre Excellence, à tout ce qui peut toucher et perfectionner l'état social du peuple haïtien.

Et c'est avec le plus grand plaisir que je saisis cette occasion de vous renouveler, Monsieur le Ministre, les assurances de la haute considération de votre très humble et très obéissant serviteur.

Le Ministre d'Haïti,

Signé : Dr Jn JOSEPH.

Monsieur Enrique Henriquez,
Ministre des Relations extérieures de la République Dominicaine,
Santo Domingo.

3172. — Paris, Société anonyme de l'imprimerie Kugelmann, 12, rue de la Grange-Batelière.
(G. Balitout, directeur.)

TABLE DES MATIÈRES

PAGES

INTRODUCTION :

I

CONSTITUTION DU TRIBUNAL ARBITRAL

II

III

IV

MÉMOIRE

DU GOUVERNEMENT D'HAÏTI A SA SAINTETÉ LE PAPE

HISTORIQUE :

DISCUSSION

ANNEXES

www.ingramcontent.com/pod-product-compliance
Ingram Content Group UK Ltd.
Pitfield, Milton Keynes, MK11 3LW, UK
UKHW012032240726
13965UKWH00002B/742